essentials

essentials liefern aktuelles Wissen in konzentrierter Form. Die Essenz dessen, worauf es als „State-of-the-Art" in der gegenwärtigen Fachdiskussion oder in der Praxis ankommt. *essentials* informieren schnell, unkompliziert und verständlich

- als Einführung in ein aktuelles Thema aus Ihrem Fachgebiet
- als Einstieg in ein für Sie noch unbekanntes Themenfeld
- als Einblick, um zum Thema mitreden zu können

Die Bücher in elektronischer und gedruckter Form bringen das Expertenwissen von Springer-Fachautoren kompakt zur Darstellung. Sie sind besonders für die Nutzung als eBook auf Tablet-PCs, eBook-Readern und Smartphones geeignet. *essentials:* Wissensbausteine aus den Wirtschafts-, Sozial- und Geisteswissenschaften, aus Technik und Naturwissenschaften sowie aus Medizin, Psychologie und Gesundheitsberufen. Von renommierten Autoren aller Springer-Verlagsmarken.

Weitere Bände in dieser Reihe http://www.springer.com/series/13088

Robert Lessmann

Internationale Drogenpolitik

Herausforderungen und Reformdebatten

 Springer VS

Dr. Robert Lessmann
Lehrstuhl für Internationale Politik
und Außenpolitik, Universität zu Köln
Köln, Deutschland

ISSN 2197-6708   ISSN 2197-6716   (electronic)
essentials
ISBN 978-3-658-15936-8   ISBN 978-3-658-15937-5   (eBook)
DOI 10.1007/978-3-658-15937-5

Die Deutsche Nationalbibliothek verzeichnet diese Publikation in der Deutschen National-
bibliografie; detaillierte bibliografische Daten sind im Internet über http://dnb.d-nb.de abrufbar.

Springer VS

Gedruckt auf säurefreiem und chlorfrei gebleichtem Papier

Springer VS ist Teil von Springer Nature
Die eingetragene Gesellschaft ist Springer Fachmedien Wiesbaden GmbH
Die Anschrift der Gesellschaft ist: Abraham-Lincoln-Strasse 46, 65189 Wiesbaden, Germany

Was Sie in diesem *essential* finden können

- Grundzüge und Geschichte der internationalen Drogenkontrolle
- State of the Art und Entwicklung der Drogenproblematik
- Ergebnisse der klassischen Drogenkontrolle und Begleitprobleme: Internationale Organisierte Kriminalität, Finanzierung von bewaffneten Aufständischen, Terrorismus und neuen Kriegen
- Reformdebatte

Inhaltsverzeichnis

Einführung 1

Der Konsum bewusstseinsverändernder Substanzen ist in der Menschheitsgeschichte seit langer Zeit bekannt. Wissenschaftler der Universität Pennsylvania haben Spuren eines alkoholischen Getränks aus Reis, Honig und entweder Weißdornsaft oder wilden Trauben in Scherben 9000 Jahre alter Tonkrüge nachgewiesen. Bereits vor 8000 Jahren kannte man im westlichen Zentralasien den Wein. In Ägypten und im Zweistromland wurde spätestens um 3000 vor Christus Bier gebraut. Die Assyrer verwendeten Hanf/Cannabis bereits in vorchristlicher Zeit. Seine berauschende Wirkung ist auch in den indischen Veden erwähnt. Seit dem vierten Jahrtausend vor Christus wurde in Vorderasien Schlafmohn angebaut, dessen Verwendung als schlafförderndes und schmerzstillendes Mittel ab 1300 vor Christus nachgewiesen ist. Ebenso lange dürfte die psychoaktive Wirkung verschiedener Pilze (in Sibirien und bei nordamerikanischen Indigenen), des Stechapfels, des Peyote-Kaktus und anderer Kakteensäfte (im südlichen Nord-, Zentral- und Südamerika) sowie Ayahuasca (in Amazonien) bekannt sein. Archäologischen Funden im heutigen Ecuador zufolge haben Andenvölker seit etwa 5000 vor Christus Kokablätter gekaut. Oft war der Konsum dieser Substanzen rituellen Kontexten vorbehalten und/oder auf Herrscher- und Priesterkasten beschränkt, wie bei Koka im Inkareich (vgl. Lessmann 1997; Schmidbauer und vom Scheidt 1976; Siegel 2000; Siegel 1995; Bild der Wissenschaft). Sicherlich wurden solche Beschränkungen auch durchbrochen und sicherlich gab es auch immer wieder individuelle Katastrophen infolge des Konsums solcher Substanzen. Drogenkonsum als rituellen und hierarchischen Kontexten enthobenes Massenphänomen taucht aber erst mit der Steigerung des Wohlstands durch die Industrialisierung und die Globalisierung im Zuge des Kolonialismus auf. Damit stellte sich auch die Frage nach einer Einhegung oder Domestizierung dieses Konsums neu.

© Springer Fachmedien Wiesbaden GmbH 2017
R. Lessmann, *Internationale Drogenpolitik*, essentials,
DOI 10.1007/978-3-658-15937-5_1

Internationale Drogenkontrolle war eine Antwort auf den grenzüberschreitenden Charakter des Handels mit psychoaktiven Substanzen wie Opium/Heroin, Kokain und Cannabis – und sie spiegelte stets auch internationale Interessen und Machtverhältnisse wider. Das bekannteste historische Beispiel waren die beiden Opiumkriege (von 1839–1842 und 1856–1860), in deren Ergebnis sich britische Freihandelsinteressen gegen den chinesischen Versuch einer Kontrolle beziehungsweise eines Verbots der Opiumeinfuhren durchsetzten; nebenbei bröckelte die Hegemonie Chinas im asiatischen Raum und Hongkong wurde britisch. Vor allem in den USA – wo man in einer puritanistischen Denktradition den Konsum von Alkohol und Drogen stets als etwas unamerikanisches, von außen hereingetragenes sah – hatte es bereits in der zweiten Hälfte des 19. Jahrhunderts erste Verbotsbestrebungen („Temperence Movement", „Liga gegen den Saloon") und lokale Verbote, insbesondere gegen Rauchhäuser oder „Opiumhöhlen" gegeben (vgl. Lessmann 1996, S. 26–35; ausführlicher vgl. Musto 1987). Im Rahmen der „Internationalen Opiumkommission", die 1909 in Shanghai zusammen kam, traten insbesondere die USA und China für Handelsbeschränkungen ein und trafen damit auf den Widerstand der Kolonialmächte, aber auch des Deutschen Reichs mit seiner pharmazeutischen Industrie. Die Haager Opium Konvention von 1912 – das erste Abkommen dieser Art – sah kein Verbot von Anbau oder Konsum vor und war mehr regulierend als prohibitiv. Erste Verbote waren in der Genfer „Convention for the Suppression of the Illicit Traffic in Dangerous Drugs" aus dem Jahr 1936 vorgesehen, die jedoch nur von 13 Staaten unterzeichnet und bei Inkrafttreten 1939 von den Kriegsereignissen zur Bedeutungslosigkeit verdammt wurde (vgl. Jelsma 2010, S. 2–3; Bewley-Taylor 2011, S. 2–5).

Erst die Single Convention on Narcotic Drugs der Vereinten Nationen von 1961 verpflichtete die Mitgliedstaaten unter anderem erstmals zu umfassenden Verboten sogenannter Drogenpflanzen – auch traditioneller, wie dem Kokabusch – sowie des Besitzes der fraglichen Substanzen. Die Konvention von 1961 kennt nicht den Begriff „illegale Drogen". Sie spricht von „kontrollierten Substanzen", die auf verschiedenen Listen geführt werden und damit vier unterschiedlich strengen Kontrollregimes unterliegen. Mit vielen dieser Substanzen gibt es ja durchaus auch einen legitimen und legalen Verkehr, sei es etwa für die Veterinärmedizin oder mit Opiaten für Schmerzmittel. Die Aufnahme oder Streichung einer Substanz in oder aus eine(r) dieser Listen obliegt der UN Commission on Narcotic Drugs, die ihre Entscheidung auf der Basis eines Gutachtens der Weltgesundheitsorganisation (WHO) trifft. Oberziel der Konvention ist es, die Verwendung dieser „kontrollierten Substanzen" auf den medizinischen und wissenschaftlichen Gebrauch zu beschränken. Das historische Ziel, eine Einheitskonvention zu schaffen, wurde freilich verfehlt. Dieses Basisvertragswerk der internationalen Drogenkontrolle wurde im Jahr 1972 durch ein Protokoll erweitert und in den Jahren 1971 durch die Konvention über Psychotrope Substanzen sowie die Wiener Konvention von 1988 ergänzt. Letztere verschärfte noch einmal die Verpflichtungen der Mitgliedstaaten, mit Strafgesetzen gegen den unerlaubten Anbau, die Herstellung, den Besitz und Konsum kontrollierter Substanzen vorzugehen – letzteres nun auch explizit in Art. 3, § 2. Zur Überwachung der Einhaltung der Konventionen wurde der Internationale Suchtstoffkontrollrat (INCB) mit Sitz in Wien geschaffen. Die Verabschiedung dieser ergänzenden Konventionen an sich, wie auch die modifizierten Prioritäten darin machen deutlich, dass sie sich auf eine sehr dynamische Problematik und sich verändernde Wahrnehmungen derselben beziehen.

Die Vereinten Nationen schätzen die Zahl der Konsumenten kontrollierter Substanzen heute auf 247 Mio. weltweit; bei 29 Mio. handelt es sich um „problematischen Konsum"; nur einer von sechs findet einen adäquaten Therapieplatz (UNODC 2016, S. 1). Jährlich sterben daran etwa 200.000 Menschen; die meisten gesundheitlichen Komplikationen und Opfer sind in Verbindung mit Heroinkonsum zu beklagen, vor allem durch Überdosen, aber auch durch gesundheitliche Langzeitfolgen aufgrund des hohen Suchtpotenzials oder durch Infektionen wie HIV oder Hepatitis (UNODC 2012, S. iii und 11). Fast ein Drittel der HIV-Neuinfektionen (außerhalb Subsahara-Afrikas) betreffen heute Personen, die sich Drogen per Spritze verabreichen (PWID – people who inject drugs).

Ist die Welt im letzten halben Jahrhundert dem Oberziel der Konvention näher gerückt, den nicht-medizinischen Gebrauch kontrollierter Substanzen auszumerzen oder zumindest einzudämmen? Verfechter des drogenpolitischen Status quo führen sogenannte „no-events" ins Feld: Ohne die strengen Bestimmungen, so argumentieren sie, wäre alles noch schlimmer gekommen. Tatsache ist: Die Zahl der Drogenkonsumenten steigt. Wie bereits erwähnt, schätzt man ihre Zahl heute weltweit auf 247 Mio. (UNODC 2016, S. 1), das ist selbst unter Berücksichtigung des Bevölkerungswachstums (von 6 auf 7,1 Mrd. im gleichen Zeitraum) deutlich mehr als zur Jahrtausendwende (141 Mio. 1999). Allerdings sind in der Tat auch die Herausforderungen gewachsen. Waren es zur Zeit der Haager Konvention sieben, so sind es zu ihrem hundertsten Geburtstag (2012) 234 „kontrollierte Substanzen" – immerhin 2,75 Mal mehr als 1961 bei der Verabschiedung der Single Convention (UNODC 2013a, S. xi). In den 1970er und 1980er Jahren war es – insbesondere in den westlichen Industrienationen, allen voran in den USA – zu einem rasanten Anstieg der Nachfrage nach bestimmten kontrollierten Substanzen gekommen: namentlich nach Cannabis, Heroin und Kokain, aber auch LSD. Dieser schlug sich in einem ebenso starken Anwachsen der Anbauflächen der pflanzlichen Ausgangsprodukte dieser Stoffe nieder und in der Herausbildung illegaler Verarbeitungs- und Vermarktungsketten.

Mit geschätzten 183 Mio. Konsumenten hat Cannabis heute den größten Markt, der in Europa traditionell vor allem aus Nordafrika, insbesondere Marokko, und in Nordamerika, dem größten Regionalmarkt, aus Mexiko und Kolumbien beliefert wurde. Zu beiden Seiten des Atlantiks hat jedoch bereits vor Jahren ein Prozess der Importsubstitution eingesetzt, sodass die Vereinigten Staaten heute selbst auch der größte Produzent sein dürften, kombiniert mit einer Dezentralisierung im Sinne von Klein- und Eigenanbau. Auch in Europa hat der Rotlichtanbau im Schlafzimmerschrank oder im Gewächshaus den Import von „Kif" aus Marokko oder „Schwarzen Afghanen" verdrängt, wenn auch nicht gänzlich. Zugriffsmöglichkeiten der Behörden sind dergestalt geringer geworden.

Beim Anbau von Koka und Schlafmohn stellten die Vereinten Nationen seit der zweiten Hälfte des letzten Jahrzehnts zwar eine Stagnation bzw. einen leichten Rückgang fest. Doch ob diese Entwicklung Bestand haben wird, ist noch ebenso unklar wie ihre Ursache. Handelt es sich dabei um einen Erfolg der Eindämmungspolitik oder um die Folge von Marktsättigung? Der Schlafmohnanbau ist zuletzt neuerlich in besorgniserregender Weise angestiegen. Und ein berichteter Rückgang der Kokaanbauflächen scheint sich durch den Einsatz ertragreicherer Sorten und effizienterer Verarbeitungsmethoden jedenfalls nicht in ein ebenso vermindertes Kokainangebot zu übersetzen. Ein deutlich rückläufiger Konsum von Kokain auf seinem noch immer wichtigsten Absatzmarkt, den USA, wird von einer Zunahme von Problemen mit dem Konsum verwandter ATS-Substanzen *(Amphetamin-type Stimulants)* begleitet. Handelt es sich also tatsächlich um einen drogenpolitischen Erfolg? Oder wird auf dem illegalen Markt ein Stimulans durch ein anderes, gefährlicheres, leichter herzustellendes und schwieriger zu kontrollierendes verdrängt? Während der Kokainkonsum in den USA in der zweiten Hälfte des letzten Jahrzehnts um 40 % geschrumpft sein soll, hat die Zahl der dort entdeckten und zerstörten Metamphetamin-Labors rasant zugenommen; allein zwischen 2007 und 2009 um 92 % (INCB 2011, S. 62).

Die Zahl der Todesopfer und der gesundheitlichen Probleme, die durch die vom Kontrollregime der Single Convention nicht erfassten, legalen Drogen Alkohol und Nikotin verursacht werden, liegt um ein Vielfaches über denen durch „kontrollierte Substanzen", was zu Grundsatzdiskussionen Anlass gibt, ob hier überhaupt die richtigen Prioritäten verfolgt werden. Gleiches gilt für den vorherrschenden polizeilich-juristischen Ansatz der Drogenbekämpfung und die Fokussierung auf die klassischen, pflanzengestützten Substanzen aus dem Süden (Cannabis, Kokain, Heroin). Ein vergleichsweise wenig beleuchtetes Problem ist der Medikamentenmissbrauch. So ist beispielsweise die Zahl der Todesopfer infolge des nicht-medizinischen Gebrauchs verschreibungspflichtiger Schmerzmittel in den Vereinigten Staaten stetig angewachsen und übertrifft dort die addierten Zahlen der Heroin- (5100) und Kokaintoten (3000) (UNODC 2012, S. 19).

Mit ihrem System der auf Listen erfassten „kontrollierten Substanzen" stößt die internationale Drogenkontrolle heute an Grenzen. In rasantem Tempo kommen neuartige, im Labor hergestellte Substanzen auf den Markt, die die Wirkungen klassischer Drogen nachahmen oder übertreffen. Der Konsum dieser Amphetamine-type Stimulants (ATS), New Psychoactive Substances (NPS) oder auch legal highs genannten Stoffe übersteigt inzwischen den von Kokain und Heroin zusammengenommen. Manchmal werden sie im Internet als Badesalz oder Duftstoffe angeboten. Die Zahl der von den Mitgliedsländern gemeldeten NPS ist von 126 (Ende 2009) über 450 (2014) auf 644 angewachsen, bald dreimal so viele wie jene Substanzen, die auf den Listen der Konvention erfasst sind (244) (UNODC 2015, S. xvi; INCB Report 2015; Pressemappe 2.3.2016: UNODC 2016, S. 56). Diese Listen können gar nicht rasch genug aktualisiert werden. Der World Drug Report 2013 widmete den NPS etwa die Hälfte seiner Seiten (UNODC 2013a, S. 59–115) und diskutierte eine Reihe von Gegenstrategien, wie zeitlich befristete Verbote im Schnellverfahren oder die Erfassung ganzer Stoffgruppen. Einstweilen improvisieren Gesetzgeber und Exekutivorgane einzelner Mitgliedsländer nach Gutdünken. Doch häufig sind sie von der neuen Unübersichtlichkeit überfordert. Die wenigsten dieser NPS-Substanzen haben eine globale und kontinuierliche Präsenz. Manche tauchen für eine kurze Frist auf und verschwinden dann wieder, andere sind auf einige wenige Länder oder Regionen begrenzt. Welchen soll man also Priorität einräumen? 39 % der gemeldeten NPS fallen in die Kategorie der synthetischen Cannabinoide, weitere 15 % in die Gruppe der synthetischen Cathione (UNODC 2015, S. xviii). Das macht die Situation nur geringfügig übersichtlicher. Denn man weiß noch sehr wenig über die Toxizität dieser NPS, das Risiko von Überdosen, alleine oder in Verbindung mit anderen Stoffen. Zu besonderer Sorge gibt die Tatsache Anlass, dass NPS/ATS zunehmend auch gespritzt werden. ATS rufen nicht selten erhöhte Risikobereitschaft hervor, auch was Sexualpraktiken betrifft. Alles zusammen ergibt möglicherweise einen brisanten gesundheitspolitischen Sprengsatz (UNODC 2015, S. 12, 2016, S. 15, 59).

Das vor einem halben Jahrhundert geschaffene Kontrollsystem hat sich im Sinne der klassischen Herausforderungen allenfalls als begrenzt erfolgreich erwiesen. Angesichts der neuen Herausforderungen durch NPS stößt es mit seinen Listen kontrollierter Substanzen an klare Grenzen. Prävention und Therapie scheinen in dieser Situation zunehmend erfolgversprechender zu sein als Verbot und Kontrolle.

„War on Drugs" als Prototyp der angebotsorientierten Drogenkontrolle **2**

In der Vergangenheit war die Verhinderung des Abzweigens „kontrollierter Substanzen" aus der legitimen, pharmazeutisch-medizinischen Handelskette im Vordergrund der Drogenkontrolle gestanden, und die Begrifflichkeit der Single Convention spiegelt dies in gewisser Weise noch wider. Mit dem erwähnten Nachfrageboom nach kontrollierten Substanzen bildeten sich illegale Märkte heraus, die nun in den Fokus der Politik rückten. Besonders hoch war der Konsum in den USA und besonders groß die Besorgnis. Im Vordergrund stand mehr und mehr Kokain mit seiner rauchbaren und besonders aggressiven Variante „crack". Bereits im Jahr 1971 hatte US-Präsident Richard Nixon den Drogen „den Krieg erklärt", doch erst unter Präsident Ronald Reagan (1981–1989) wurde aus der Kriegserklärung Ernst. Mit der Novellierung des Posse Commitatus Act im Jahr 1981 wurde die gesetzliche Grundlage für einen möglichen Einsatz der Armee im Kampf gegen den illegalen Drogenhandel geschaffen; das Gesetz aus dem Jahr 1878 hatte jeden Eingriff des Militärs in zivile Angelegenheiten untersagt (Lessmann 1996, S. 34). War diese Militarisierung zunächst auf die Versiegelung der Landesgrenzen (border interdiction) beschränkt, so erfolgte ab Mitte der 1980er Jahre die Externalisierung der US-Drogenkontrolle (vgl. Lessmann 1996, insb. S. 40–70, 2000). Bereits seit 1978/1979 gibt es im State Department ein Bureau for International Narcotics Matters and Law Enforcement Affairs (INL – zu diesem derzeitigen Namen umbenannt 1995). Washington verlieh dem „soft law" der UN Drogenkonventionen nunmehr im Alleingang Zähne und Klauen.

Drogen seien zu einer Bedrohung der nationalen Sicherheit geworden, erklärte Präsident Reagan in einer National Security Decision Directive zu Beginn des Jahres 1986 (Lessmann 1996, S. 40). Nachdem die „boarder interdiction" nicht den erhofften Erfolg gebracht hatte, hieß das Motto nun: „Going to the source!" Mit den Anti-Drogen-Gesetzespaketen von 1986 und 1988 wurden sogenannte

© Springer Fachmedien Wiesbaden GmbH 2017
R. Lessmann, *Internationale Drogenpolitik*, essentials,
DOI 10.1007/978-3-658-15937-5_2

drogenproduzierende oder wichtige Transitländer mit obligatorischen Sanktionen belegt, die der Präsident jeweils für ein Jahr aussetzen konnte (certification), wenn sie in der Drogenkontrolle kooperativ waren. Ein bedrohliches Damoklesschwert, mit dem es Washington weitgehend gelang, seinen Diskurs und teilweise sehr konkrete Maßnahmen in den betroffenen Ländern durchzusetzen. Mit der Wahrnehmung von Kokain als der Problemdroge Nummer 1 waren dies zunächst vor allem die südamerikanischen Produzentenländer Bolivien, Kolumbien und Peru, wo es in der Folge zu einer Amerikanisierung und Militarisierung der Drogenkontrolle kam (vgl. Lessmann 1996, 2000). Diese war verbunden mit teilweise schwerwiegenden Eingriffen in die nationale Souveränität: Eingriffe in die nationale Gesetzgebungskompetenz; Aufstellung, Ausrüstung und Training von paramilitärischen Spezialpolizeieinheiten; Einbeziehung des Militärs in die Drogenbekämpfung; Tätigkeit von US-Polizei- und Militärpersonal im Gastland auch in leitenden Funktionen; Entführung mutmaßlicher Drogenstraftäter in die USA; temporäre Militärinterventionen in Bolivien (Operation Blast Furnace 1986) und Panama (Operation Just Cause 1989–1990), bei Letzterer soll es sich um das bis dato größte Luftlandeunternehmen seit dem Zweiten Weltkrieg gehandelt haben.

Im Januar 1990 wurde unter der Präsidentschaft von George Bush sen. die „Andenstrategie" (vgl. Lessmann 1996, S. 54–64) dem Kongress vorgelegt, im Rahmen derer die Drogenkontrolle in Bolivien, Kolumbien und Peru fünf Jahre lang mit 2,2 Mrd. USD unterstützt werden sollte. Ihr Ziel war eine Verminderung des Imports illegaler Drogen in die USA um 15 % innerhalb von zwei und um 60 % innerhalb von zehn Jahren. Insbesondere die Polizei- und Militärhilfe wurde drastisch ausgeweitet. Im Jahr 1990 übertraf die Militärhilfe an die drei Andenländer mit 142 Mio. USD jene an Zentralamerika – eine Steigerung gegenüber dem Vorjahr um das 20-fache. Gleichzeitig wurde das Budget für Anti-Drogen-Operationen des US Southern Command der US Streitkräfte in Panama von 230 auf 430 Mio. USD ausgeweitet, womit es höher lag als die gesamte reguläre Anti-Drogen-Hilfe, die 1990 im Rahmen der „Andenstrategie" bewilligt wurde. Mit einer National Defense Authorization war das Pentagon bereits im September 1989 zur „single lead agency" bei der Entdeckung und Beobachtung illegaler Drogentransporte erklärt worden (u. a. Lessmann 2010, S. 381). In der Folge wurde der Andenraum mit einem hochmodernen System der Radarüberwachung überzogen. Elitesoldaten der US Special Forces wurden in den Drogenkrieg einbezogen und mit Militär- und Geheimdienstpersonal besetzte Tactical Analysis Teams (heute meist Narcotics Action Section – NAS genannt) steuerten von der jeweiligen US-Botschaft aus die Drogeneinsätze im Gastland (Lessmann 1996, S. 54–64). Diese Eingriffe in die nationale Souveränität der betroffenen Länder haben dort zu Protesten und innenpolitischen Auseinandersetzungen geführt. In Bolivien wurde der Chef

der machtvollen Gewerkschaften der Kokabauern, Evo Morales, im Herbst 2005
zum Präsidenten gewählt.

25 Jahre „Drogenkrieg" in Lateinamerika unter der Regie Washingtons haben nicht
wirklich zu einem überzeugenden Rückgang der Kokainproduktion geführt, die man
heute zwischen 746 Tonnen und 943 Tonnen schätzt (UNODC 2016, S. 21).[1] Die
Schwerpunkte des Kokaanbaus verlagerten sich in den 1990er Jahren von Bolivien
und Peru nach Kolumbien und neuerdings wieder zurück. Außengesteuerte Politiken
der Kokavernichtung haben in den Anbauzonen zu Menschenrechtsverletzungen, politischen Unruhen und Todesopfern geführt. In Kolumbien kann man mit der besonders
umstrittenen Besprühung von Kokafeldern mit Pflanzengift aus der Luft von einer
regelrechten Bauernvertreibung sprechen (vgl. Lessmann 2010, S. 383–385).[2] Seit
Präsident Ernesto Samper unter Korruptionsvorwürfen Washingtons im Jahr 1994 zur
Einwilligung in das Besprühungsprogramm gedrängt wurde, hat man in Kolumbien
rund zwei Millionen Hektar Koka vernichtet, weit mehr als das Zehnfache des histori-
schen Maximums der Anbaufläche (163.000 Hektar im Jahr 2000). Bei einer Gesamt-
bevölkerung von knapp 48 Mio. Menschen sind in Kolumbien 6,9 Mio. Menschen auf
der Flucht – vor allem wegen des Bürgerkriegs. Kolumbien hat damit Syrien als Land
mit den meisten Binnenflüchtlingen verdrängt, wo sich die Zahl durch Flucht ins Aus-
land von 7,6 Mio. auf 6,6 Mio. verringert hat (UNHCR 2016). Die Politik der Kokavernichtung ohne Nachhaltigkeit hat zu dieser unfreiwilligen Mobilität beigetragen.

Die Projektarbeit im Rahmen der „Alternativen Entwicklung" hat andererseits gezeigt: Kokabauern sind in aller Regel bereit, auch Einkommenseinbußen

---

[1]Nach Angaben des UNODC lag der Kokaanbau im Jahr 2013 auf dem niedrigsten Niveau
seit Mitte der 1980er Jahre (UNODC 2015, S. 50). Während das UNODC im Andenraum
mit 120.800 Hektar Kokaanbau rechnet, führt das INL des State Department für das gleiche Jahr 140.000 Hektar an. Beide Quellen weisen dessen ungeachtet einen Rückgang der
Anbauflächen aus. Einwände bezüglich der Nachhaltigkeit und der Übersetzung in ein tatsächlich vermindertes Kokainangebot wurden bereits angeführt (S. 4 dieses Textes). Übrigens weisen die Zahlen des UNODC und des INL seit Jahren immer wieder signifikante
Abweichungen auf. Zum „Elend mit der Empirie" bei diesem Thema vgl. u. a. Lessmann
2015. In der Forschungsabteilung des UNODC werden gegenwärtig methodologische
Überlegungen angestellt, denen zufolge die Kokainproduktion nur mäßig zurückgegangen
und möglicherweise sogar angestiegen ist.

[2]Die Besprühungen wurden dort im Mai 2015 nach zwei Jahrzehnten schließlich gestoppt.
Dadurch soll es zu einem Anstieg der Anbaufläche um 44 % – im Andenraum um 10 % –
auf 132.300 Hektar gekommen sein (UNODC 2016, Annex 5). Die Besprühungen mit Gly-
phosat wurden im April 2016 wieder aufgenommen, allerdings nun vom Boden aus und
nicht mehr aus der Luft.

hinzunehmen, wenn sich im Gegenzug Lebensqualität und vor allem Lebenssicherheit erhöhen (vgl. GTZ 2001; UNODC 2015, S. 77–118).

Die konstante Verlagerung des Anbaus führte zu ökologischen Schäden beträchtlichen Ausmaßes, wie das Abholzen (sub-)tropischer Wälder, Bodenerosion und die Vergiftung von Erdreich und Gewässern durch die zur Weiterverarbeitung notwendigen Chemikalien. Da es dabei um lang anhaltende oder bleibende Schäden geht, handelt es sich bei genauerer Betrachtung auch nicht einfach um eine Verlagerung, sondern um eine Ausbreitung der Probleme. Nicht nur im ökologischen Bereich: Stand beispielsweise vor 20 Jahren Kolumbien im Brennpunkt der Gewalt der „Drogenkartelle", so haben sich inzwischen die Schaltzentralen des Kokaingeschäfts nach Mexiko verlagert, wo seit der Einbeziehung des Militärs im Jahr 2006 mehr als 100.000 Todesopfer im „Drogenkrieg" zu beklagen sind. Doch weiterhin werden zwei Drittel aller Kokainlaboratorien in Kolumbien entdeckt und zerstört.

Eine Sache sind internationale Konventionen und diplomatische Erklärungen der Völkergemeinschaft, eine andere die konkrete Politik vor Ort. Dieser Exkurs skizzierte die Hintergründe, die gerade lateinamerikanische Länder dazu führten, nach Reformen zu suchen und eine Sondergeneralversammlung der UNO zum Thema Drogen zu beantragen. Um die Dominanz der USA in der Drogenpolitik auch quantitativ vor Augen zu führen: Das Zweijahresbudget des Drogenkontrollprogramms der Vereinten Nationen UNODC (2014 [2015]) liegt bei 760,1 Mio. US$ (USD), das entspricht 380,05 Mio. USD pro Jahr: 0,025 % des US Drogen-Bundesbudgets (15,5 Mrd., FY 2011) und rund 25 % der Mittel, die allein dem Bureau for International Narcotics Matters and Law Enforcement Affairs (INL) im State Department zur Verfügung standen (1,7 Mrd., FY 2013) (UNODC Budget 2014–2015; ONDCP 2010).[3]

Washingtons „War on Drugs" verdeutlicht, wie sehr Politiken der Drogenbekämpfung in mancherlei Hinsicht selbst zu einem Problem geworden sind. Er wurde unilateral über den Hebel von Sanktionsdrohungen implementiert. Die Externalisierung der Anti-Drogen-Politik fügte sich dabei nicht nur auf der Ebene des politischen Diskurses in größere außenpolitische Zusammenhänge ein. Hatte der „War on Drugs" nach dem Ende des Kalten Kriegs bestimmten

---

[3]Dieses Verhältnis gestaltet sich seit Jahrzehnten so. Das Zweijahresbudget des UNODC (2004 [2005]) lag bei 205,9 Mio. USD, das entspricht 102,9 Mio. USD pro Jahr: 0,8 % des US Drogen-Bundesbudgets (12,4 Mrd.) und knapp 10 % der Mittel, die dem INL zur Verfügung standen (1,1 Mrd.). Nur Weltpolizist Uncle Sam verfügt über ein solches Büro für internationale Drogenbekämpfung und Gesetzesvollzug im Außenministerium.

außenpolitischen Kreisen und einzelnen Waffengattungen als Argument für ihre Legitimation und Budgetforderungen gedient, so war es später der „War on Terror". Ende des letzten Jahrzehnts (FY 2010) erhielten mit Afghanistan (272,5 Mio.) und Kolumbien (244,6 Mio.) zwei Schlüsselländer im sogenannten Krieg gegen den Terror zusammen mehr als 50 % des INL-Gesamtbudgets von 878,7 Mio. USD (Lessmann 2010, S. 394).

Neue Unübersichtlichkeit: Drogen und organisierte Kriminalität 3

Vor dem Hintergrund des umfassenden prohibitionistischen Ansatzes der internationalen Drogenkontrolle bildeten sich mit dem in diesem Umfang bisher ungekannten Nachfragesog der 1960er, 1970er und 1980er Jahre illegale Vermarktungsketten von den Anbauzonen bis zum Straßenverkauf heraus. An den Schaltzentralen des illegalen Geschäfts entstanden mächtige kriminelle Organisationen, vergleichbar mit dem Anwachsen der Mafia in den Vereinigten Staaten während der Alkoholprohibition (1919–1933). Das Geschäft mit illegalen Drogen auf pflanzlicher Basis lässt sich als Sanduhr darstellen: zwei bauchig-voluminöse Enden, verbunden durch einen engen Flaschenhals. Am einen Ende produzieren relativ viele Menschen in relativ großen geografischen Räumen große Mengen an Pflanzenmaterial. Zuweilen extrahieren sie daraus auch bereits die begehrten Grundstoffe für die Weiterverarbeitung. Die große Mehrzahl dieser Bauern wird vom Wunsch angetrieben, für sich und ihre Familien ein Auskommen zu finden. Kriminelle Energie spielt auf dieser Ebene kaum eine Rolle. Durchschlagende Erfolge der Drogenkontrolle treiben hier bei persistenter Nachfrage die Preise in die Höhe und stimulieren von neuem die Produktion. Repressive Maßnahmen sind hier nicht zweckmäßig und führen eher zu einer Ausbreitung der Probleme. Gefragt sind vielmehr Schadensbegrenzung und Hilfe für die betroffenen Menschen und Regionen zur Lösung *derer* Probleme, wie zunehmender Eigenkonsum von Drogen, sozialer Zerfall, Entwaldung und Umweltzerstörung. Vor allem sind Projekte in Zusammenarbeit mit den Bauern zur Schaffung von Einkommensalternativen und Lebenssicherheit erforderlich.

Am anderen Ende der Sanduhr erzielt ein Heer von Straßendealern bei der Versorgung von Gelegenheitskonsumenten und Süchtigen den Löwenanteil der Gewinne, die aber relativ breit verteilt sind. Durch eine pauschale Kriminalisierung von Tätern und Opfern werden Gerichte und Haftanstalten überlastet, ohne

© Springer Fachmedien Wiesbaden GmbH 2017
R. Lessmann, *Internationale Drogenpolitik*, essentials,
DOI 10.1007/978-3-658-15937-5_3

dass man einer Lösung des Problems dadurch näher gekommen wäre. Wünschenswert wäre ein differenzierteres Kontrollregime, unter Berücksichtigung des unterschiedlichen Schadens- und Suchtpotenzials verschiedener Substanzen. Eine große Zahl von (potenziellen und Gelegenheits-) Konsumenten kann man mit intelligenten Programmen zur Aufklärung und Prävention erreichen. Eine wichtige Rolle spielen hier intakte Familien und ein stabiles soziales Umfeld. Einem harten Kern wirklich Suchtkranker – und der Gesellschaft um sie herum – hilft man am effektivsten und kostengünstigsten mit Therapieangeboten und Programmen der Schadensbegrenzung (harm-reduction).

Am Flaschenhals der Sanduhr organisieren relativ kleine, hermetisch abgeschottete kriminelle Organisationen Weiterverarbeitung, Transport und Großhandelsverkauf der Drogen. Ein durch die Prohibition gegebenes hohes Risiko und entsprechend hohe Gewinnspannen führen dazu, dass hier große Summen in wenigen Händen konzentriert werden, was ihnen beachtliches Machtpotenzial verleiht. Das illegale Unternehmen setzt vor allem auf Klandestinität und Korruption. Aber es braucht auch einen eigenen Gewaltapparat zur Durchsetzung seiner Interessen gegenüber Geschäftspartnern, Konkurrenz und Staat (vgl. Arlacchi 1989; Krauthausen und Sarmiento 1991). Überschneidungen von illegalen und legalen Geschäften und Apparaten machen die Lage unübersichtlich und erschweren die Strafverfolgung.

Hier liegen die Hauptgefahren für Freiheit, Rechtsstaatlichkeit und Demokratie – nicht nur in den sogenannten institutionell schwachen Staaten. In den 1970er bis in die 90er Jahre hinein konnte die Cosa Nostra mit ihren Gewinnen aus dem Heroinschmuggel in die USA („Pizza Connection") die Stabilität eines G-7-Landes und der drittgrößten Volkswirtschaft in Europa herausfordern (UNODC 2010a, S. 3). Auf diese Ebene sollte sich der Gesetzesvollzug konzentrieren, dessen Organe – Polizei und Justiz – gestärkt und gegen Korruption so gut wie möglich immunisiert werden müssen. Es muss um die Zerschlagung krimineller Strukturen gehen und ihres Daseinszwecks: Durch die Verringerung von Extraprofiten, die durch unzweckmäßige Rechtsnormen überhaupt erst ermöglicht werden, und durch die Beschlagnahmung von Werten (Stichwort: Geldwäsche).

Das Programm für Drogenkontrolle und Verbrechensbekämpfung der Vereinten Nationen (UNODC – United Nations Office on Drugs and Crime) hat im Herbst 2011 eine Studie über Geldwäsche vorgelegt (UNODC 2011b). Ihr globales Volumen dürfte nach den Schätzungen der UN bei jährlich 1,2–1,6 Billionen USD liegen, wovon etwa 320 Mrd. auf den globalen Drogenhandel entfallen. Man vermutet weiter, dass davon weniger als 1 % entdeckt und beschlagnahmt werden, vielleicht eher 0,2 %. Zahlen, die sowohl die Dimension als auch die Vernachlässigung dieses Feldes deutlich machen. Konkrete Maßnahmen gegen

Geldwäsche verstehen sich bisher fast ausschließlich als Mechanismen der Finanzmarktaufsicht und nicht als Instrument zum Aufspüren und Zerschlagen krimineller Organisationen. Die internationale Drogenkontrolle war bisher ebenso einseitig wie erfolglos auf die Unterbindung von Konsum, Produktion und Bereitstellung ausgerichtet. Dabei stellt der illegale Drogenhandel sozusagen das Rückgrat des organisierten Verbrechens dar – allen voran der mit Kokain, der deutlich besser organisiert und zentralisiert ist als andere Sparten.

Bei näherem Hinsehen nicht mehr überraschend ist die extrem ungleiche Einkommensverteilung auf den illegalen Märkten. Die Akteure sind (mit Ausnahme der bolivianischen Kokabauern) nicht gewerkschaftlich organisiert und können im Konfliktfall auch kein Gericht anrufen. Daher die Notwendigkeit für das illegale Unternehmen, zumindest als Drohpotenzial einen eigenen Gewaltapparat zu unterhalten. Auf die bäuerlichen Rohstoffproduzenten in ihrer Gesamtheit entfallen im Schnitt nur zwischen ein bis zwei Prozent der Gewinne (UNODC 2010b, S. 93, Tab. 87). Vergleichbar ist die Situation innerhalb der kriminellen Organisationen: Die Verfasser der oben zitierten Geldwäschestudie fragten sich nach dem Studium von Gerichtsakten: „Wieso wohnen so viele Drogendealer bei Mama?" Als Glücksfall entpuppte sich die Feldforschung eines jungen US-Soziologen namens Sundhir Venkatesh, dem es in den Jahren 1989/1990 gelungen war, Einblick in die Geschäftsbücher einer Chicagoer Crack-Kokain-Gang zu bekommen. Von 5420 Gang-Mitgliedern hatten nur 120 Einkommen in einer Größenordnung, bei der Geldwäsche theoretisch infrage kommt. Das „Fußvolk" verdiente weniger als den gesetzlichen Mindestlohn.

Man darf innerhalb der illegalen Unternehmen also von einer außerordentlich hohen Kapitalkonzentration ausgehen, weshalb Geldwäsche für sie auch so wichtig ist. Wichtigstes „Kapital" im illegalen Unternehmen ist indessen Loyalität, Vertrauen und Abhängigkeiten. Daher sind sie häufig um Kernfamilien, Freundschaften, Nachbarschaften, regionale Gruppen und Landsmannschaften aufgebaut und im Kern extrem hierarchisch. Auch wenn sie sich zur Geschäftsabwicklung zunehmend anderer illegaler Unternehmen als Subunternehmer bedienen, was zu einer Unübersichtlichkeit im Sinne illegaler Netzwerkstrukturen führt. In wenigen Händen ist mitunter enormes Kapital versammelt. Das illegale Unternehmen arbeitet in der Klandestinität und bedient sich zur Durchsetzung seiner Interessen vorzugsweise der Korruption, und erst in zweiter Linie der (Drohung mit) Gewalt. Diese richtet sich nach Bedarf gegen untreue Geschäftspartner, Konkurrenten und staatliche Organe, wie Richter, Staatsanwälte, Polizisten sowie Politiker, aber auch gegen unliebsame Journalisten. In seltenen Fällen kommt es zu Konfrontationen mit dem Staat. Der bekannteste Fall sind die Zusammenschlüsse kolumbianischer Drogenhändler, deren erster sich gegen die Guerilla M-19 richtete, die eine Tochter der Ochoa-Familie entführt hatte. Am 3. Dezember 1981 wurde in Medellín die Organisation MAS (*Muerte a los Secuestradores* – *Tod den Entführern*) gegründet und in der Öffentlichkeit angekündigt (vgl. Lessmann 1996, S. 226–227). M-19 Kader wurden in der Folge systematisch ermordet oder gefangen und den Behörden übergeben, was zur Auslöschung der M-19 in Medellín und Umgebung führte. Ab 1984 richtete sich die Gewalt systematisch gegen Angehörige von Justiz und Politik. Sie war begleitet von Versuchen, eigene politische Karrieren, Bewegungen und Parteien zu lancieren (etwa durch Carlos Lehder und Pablo Escobar) und mündete im Kampf gegen ein Auslieferungsabkommen mit den USA Ende der 1980er und Anfang der 90er Jahre in eine offene Herausforderung des Staates im Rahmen des *narcoterrorismo*. Mord- und Bombenanschläge galten nun nicht mehr nur konkreten Personen, sondern richteten sich gegen öffentliche Einrichtungen wie zum Beispiel gegen das Gebäude des Innengeheimdienstes DAS. Man nannte sich nunmehr *„los extraditables"*, die Auslieferbaren.

Doch nicht nur im direkten Angriff auf den Staat und Angehörige seiner Organe lag eine Herausforderung. Dieser änderte auch sein Gesicht. Während die Politik sich in ihren Statements strikt weigerte, mit „gewöhnlichen Kriminellen" zu verhandeln, wurden sie in der Praxis wie politische Akteure behandelt: Kolumbianische Anti-Drogen-Politik wurde in jener Zeit mithilfe sogenannter Verordnungen des Belagerungszustandes gemacht (vgl. Lessmann 1996, S. 217–272). Mehr noch: „La economía se ensucia" (die Wirtschaft macht sich schmutzig) – mit diesen Worten beschrieben kolumbianische Wirtschaftswissenschaftler den Prozess einer gesellschaftlichen Korrumpierung und Degenerierung, nicht etwa nur durch Bestechung, sondern auch durch die Penetration der legalen Ökonomie mit „schwarzem" Kapital aus dem illegalen Geschäft (GTZ 2001, S. 10–12).

Das Phänomen der organisierten Kriminalität ist komplexer geworden und stellt jenseits dieser oder jener Substanz, dieser oder jener Person oder Personengruppe, die eigentliche Herausforderung für Rechtsstaatlichkeit und Demokratie dar. Die internationale Drogenkontrolle hat darauf bisher keine überzeugenden Antworten gefunden.

Neue organisatorische und regionale Unsicherheit

4

Mit der Zerschlagung der großen kolumbianischen Organisationen von Medellín und Cali übernahmen Dutzende kleinere deren Geschäfte. Richtete sich die Gewalt der „traficantes" zunächst gegen die Guerilla, so bemächtigten sich zunehmend Guerillaorganisationen wie FARC und ELN des illegalen Geschäfts als Finanzierungsquelle; der anfänglichen „Besteuerung" von Kokabauern folgte ein immer weiter gehendes Engagement auf höheren und lukrativeren Ebenen der Verarbeitungs- und Vermarktungskette. Daneben finanzierten sie sich durch Diamantenschmuggel und Entführungen. Gleiches gilt für die paramilitärischen Widersacher der Guerilla auf der extremen Rechten in Kolumbien. Bis zu ihrer weitgehenden Zerschlagung (1992) tat dies auch die Guerillaorganisation Sendero Luminoso in Peru, und deren Überreste in der Region der Flüsse Apurímac und Ene scheinen heutzutage im Drogengeschäft ihren eigentlichen Daseinszweck zu finden.

Kokaanbau und Kokainproduktion sind in Kolumbien trotz aller Schwankungen, Fahndungs- und Eradikationserfolge bei Kokafeldern ungebrochen. Allerdings haben kolumbianische Organisationen ihre führende Stellung bei der Versorgung des US-Marktes an mexikanische Organisationen abgeben müssen. Durch die Schrumpfung des Kokainmarktes in den USA ist es schließlich auch zwischen diesen zu einem „Drogenkrieg" gekommen, wobei sie in besonderer Weise fähig waren, die öffentlichen Sicherheitskräfte durch Korruption und Bedrohung für ihre Interessen einzuspannen. Eines der besonders großen und berüchtigten „Kartelle", die „Zetas", sind aus einer Eliteeinheit der mexikanischen Armee hervorgegangen. Eine weitere wichtige Ursache für diese Kämpfe liegt in der Neuausrichtung des Klientelismus nach dem Ende der PRI-Herrschaft (Partido de la Revolución Institucional, 1929–2000). So beschreibt Edgardo Buscaglia (2012), wie es in Mexiko nach dem Ende der De-facto-PRI-Einparteienherrschaft im Jahr 2000 zu einer

© Springer Fachmedien Wiesbaden GmbH 2017
R. Lessmann, *Internationale Drogenpolitik*, essentials,
DOI 10.1007/978-3-658-15937-5_4

Neuverteilung der Pfründe und damit verbundenen Auseinandersetzungen gekommen sei, bis hin zu einem „…Krieg um die Kontrolle des gesamten Staats" (Buscaglia 2012, S. 15), den er nicht als „zerfallend" sieht, sondern als „fragmentiert": Der mexikanische Staat gleiche einem „Puzzle" von Einflusszonen verschiedener Kartelle. Diese hätten sich längst von Drogenunternehmen zu multidivisionalen illegalen Unternehmen entwickelt, die auch im Waffenhandel, Menschenhandel, Prostitution, Organhandel aktiv sind – und dies weit über Mexiko hinaus, durchaus auch über den Atlantik. Mexiko hat insofern Kolumbien in der öffentlichen Aufmerksamkeit für drogenbedingte Gewalt und Opferzahlen abgelöst.

Doch zu viel Gewalt ist nicht gut für das Geschäft – auch nicht für das illegale. Dieses hat längst begonnen, sich Richtung Süden nach Zentralamerika weiter auszubreiten. Schon seit Mitte des letzten Jahrzehnts sind die Kokainbeschlagnahmungen dort höher als in Mexiko (UNODC 2010b, S. 88). Die Mordraten in Honduras (90,4/100.000 Einwohner), El Salvador (41,2) und Guatemala (39,9) sind inzwischen höher als jene Mexikos (21,5), und diese Taten konzentrieren sich auf Regionen, wo Drogenorganisationen besonders aktiv sind und um Einfluss ringen, wie etwa den guatemaltekischen Petén (UNODC 2010a, S. 20, 22, 2013).[1]

„Drogen" haben meist geringe Herstellungskosten und hohe Endverkaufspreise. Häufig sind sie leicht, relativ unverderblich und lagerbar. Aufgrund ihres Charakters als Genussmittel, Luxusgut und Suchtstoff haben sie eine relativ geringe Preiselastizität. Ein harter Kern von Dauerkonsumenten und Suchtkranken stellt einen sehr stabilen Absatz sicher; in vielen Fällen mehr als 50 % des Gesamtkonsums. So decken in den USA 1/4 der Kokainkonsumenten 2/3 der Nachfrage ab (UNODC 2016, S. 41–42). Unser Wissen über Drogenhandel und organisierte Kriminalität ist lückenhaft. Doch es nimmt zu und politische Diskurse zu beiden Themen befinden sich im Fluss. „Unter Abwägung aller dieser Überlegungen scheinen Drogen den gefährlichsten Fluss von Profiten hervorzubringen …", schreiben die Vereinten Nationen, die im Jahr 2010 ihren ersten großen Bericht über Transnationales Organisiertes Verbrechen (engl. TOC) vorlegten in den Schlussfolgerungen dieses Dokuments, und weiter: „Einzelne Drogenhändler mögen zehn, wenn nicht hunderte Millionen von Dollars in einer relativ geringen Zahl von Transaktionen machen. Produktionszonen sind oft von Aufständischen betroffen und Transitländer leiden häufig sowohl unter hohen Mordraten als auch unter einem hohen Maß an Korruption. Mit einer Kernnachfrage aus Süchtigen,

---

[1]Nach neuesten Angaben liegt im Jahr 2015 El Salvador mit 103/100.000 vor Honduras mit 69 (AFP/El Faro, 4.1.2016).

stellen Drogen für das Organisierte Verbrechen eine langfristige Einkommens-
quelle dar. Aber Drogenströme zeigen auch, dass es nicht viel Geld braucht, um
großen Schaden anzurichten. Drogenhändler und Aufständische in Afghanistan
zum Beispiel, kontrollieren nur einen kleinen Teil des Kapitals auf dem globalen
Heroinmarkt, verursachen aber viel mehr Gewalt als Drogenhändler in Europa,
wo der größte Teil des Kapitals auf diesem Markt residiert" (...). „Schlussend-
lich scheint es, dass Drogen das Rückgrat des Transnationalen Organisierten Verbrechens darstellen, den größten Anteil der Einkünfte hervorbringen und Gewalt,
Korruption und Sucht befeuern" (UNODC 2010b, S. 276; Übers. R.L.).

Es ist durchaus keine neue Erkenntnis: Kriminelle Netzwerke nutzen die
Schwäche von Institutionen und Staaten und schwächen sie weiter (GTZ 2001).[2]
Sie tun dies auf der Basis ihrer finanziellen Möglichkeiten durch Korruption und
Gewalt (*plata o plomo,* Silber oder Blei), wie kolumbianische „Drogenkartelle"
das in den 1980er und 1990er Jahren nannten (Vgl. Lessmann 1996). Andererseits finanzieren sich bewaffnete Aufständische aus kriminellen Aktivitäten. Und
die Grenzen zwischen Beidem verschwimmen mitunter.

---

[2]Neuerdings hat man diesen Umstand auf die Formel gebracht, illegale Geschäfte folgten
„dem Weg der geringsten Staatlichkeit" (Brombacher/ Maihold, 2013).

Im Jahr 2010 legte das in Wien ansässige Büro für Drogen und Kriminalität der Vereinten Nationen (UNODC) den ersten Bericht über die Globalisierung der organisierten Kriminalität vor (UNODC 2010b). Im Vorwort zu einer Vorstudie schrieb der damalige Exekutivdirektor des UNODC, Antonio Maria Costa: „Es ist frappierend: Wenn man eine Weltkarte der Konflikte nimmt und eine der illegalen Güterströme darüberlegt, dann decken sie sich nahezu perfekt" (UNODC 2010a, S. iii). Das mag etwas übertrieben sein, stimmt aber zumindest häufig und mit zunehmender Tendenz. Über die Finanzierung von Aufständischen durch das Kokaingeschäft in Südamerika haben wir eben bereits geschrieben. Darüber hinaus ist das bekannteste Beispiel dafür wohl **Afghanistan.** Das Land am Hindukusch war in den vergangenen Jahren mit seinem Schlafmohnanbau Quelle von bis zu 90 % (heute sind es 70) des weltweiten Heroinangebots. Pünktlich zum – inzwischen ausgesetzten – Abzug der ISAF-Truppen berichteten die Vereinten Nationen von einer abermaligen Rekordernte im Jahr 2013 (Schlafmohn +36 %; Opium +50 %; die Differenz schuldete sich unterschiedlichen Erträgen). UNODC-Exekutivdirektor Yuri Fedotov nannte diese Entwicklung „ernüchternd". Wenn man weiß, dass es auch im zweitwichtigsten Anbauland, Myanmar, 2013 wieder eine Rekordernte (+22 %; dazu sogleich) gab, könnte man auch von einem Fiasko sprechen (UNODC Press Releases 13.11.2013 und 18.12.2013), zumal sich dieser Zuwachs seither noch fortsetzte und die Vereinten Nationen

© Springer Fachmedien Wiesbaden GmbH 2017   21
R. Lessmann, *Internationale Drogenpolitik*, essentials,
DOI 10.1007/978-3-658-15937-5_5

aufgrund des Überangebots bereits einen Anstieg der Heroinprobleme befürchten (UNODC 2015, S. 41–49).[1]

War Afghanistan in der Vergangenheit für Cannabis (besonders dessen Harz „Schwarzer Afghane") berühmt, so hatte der Schlafmohnanbau in größerem Stil dort erst mit dem Beginn der sowjetischen Invasion (1979) Einzug gehalten – und es dauerte lange, bis Afghanistan Myanmar als größter Schlafmohnproduzent überholte. Dazwischen liegen Krieg, Armut und Staatszerfall.

Das UNODC schätzt das Volumen des afghanischen Opiumgeschäfts auf 2,8 Mrd. USD, das entspricht 13 % des legalen BIP (UNODC 2016, S. xx). Hinzu kommt eine wachsende Haschisch-Produktion, die jener von Europas größtem Zulieferer, Marokko, inzwischen Konkurrenz machen dürfte; eine einzelne Beschlagnahmung von Haschisch in der Provinz Kandahar im Jahr 2008 lag bei 236,8 Tonnen mit einem regionalen Marktwert zu Großhandelspreisen von 400 Mio. USD (UNODC 2010a, S. 29).

90 % der Opiumproduktion in Afghanistan kommt aus neun südlichen und westlichen Provinzen, wo die Position der Zentralregierung am schwächsten ist und wo die Vereinten Nationen die Sicherheitslage am gefährlichsten einschätzen (UNODC 2010a, S. 30). Drogenhändler konzentrieren sich auf Regionen, die von den Taliban und anderen Anti-Regierungskräften kontrolliert werden. Diese erheben Steuern und profitieren von Spenden der Kriminellen und Warlords. Allein die jährlichen „Steuereinnahmen" der Taliban aus dem Opiumsektor werden auf 125 Mio. USD geschätzt (UNODC 2010a, S. 30). Es gibt Berichte über gemeinsame Schmuggelaktionen von Kriminellen und Aufständischen, vor allem über die pakistanische Grenze und von vergleichbaren Besteuerungssystemen durch Taliban- und al Queda-nahe Gruppen in Pakistan und Tadschikistan sowie durch das Islamic Movement of Uzbekistan (UNODC 2010a, S. 31).

Fünf Gruppen, die sich aus korrupten Offiziellen, Warlords, organisierten Verbrechergruppen und möglicherweise Aufständischen (Hezb-i-Islami) zusammensetzen, scheinen den afghanischen Drogenhandel zu kontrollieren (UNODC 2010b, S. 116). Wie in Kolumbien, wo die fraglichen Guerillaorganisationen, die allesamt viel älter sind als der Boom des Drogengeschäfts, dieses als Finanzierungsquelle entdeckten,

---

[1]Anlässlich des UN Press Breakfast 2016 am 21.1.2016 in Wien war von einem Einbruch der Opiumproduktion in Afghanistan um 50 % die Rede; 48 % laut World Drug Report 2016 (UNODC 2016, S. xii). Ob dieser Rückgang im Jahr 2015 eine Trendwende auf sehr hohem Niveau darstellt oder eine konjunkturelle Episode ist, bliebt abzuwarten. Schlafmohn ist eine einjährige Pflanze und ihr Anbau in Afghanistan in hohem Maße spekulativ: Er richtet sich stark nach der erwarteten Konjunktur und Preisentwicklung. Opium ist zudem relativ lange lagerbar. Der Knick im Anbau dürfte sich hohen Lagerbeständen schulden.

nutzten und sich dabei tendenziell von einer politischen Agenda entfernten, so kann man auch in Afghanistan von einer „Kriminalisierung" der Aufständischen sprechen: „Tatsächlich sind ein Teil der afghanischen Taliban unideologische, mehr ‚opportunistische' Kämpfer, die ihre Motivation aus einer Mischung von politischer Unzufriedenheit und finanziellen Bedürfnissen beziehen" (UNODC 2010a, S. 31; Übers. R.L.).

Die Transitländer Pakistan und besonders der Iran gehören zu den Ländern mit den höchsten Konsumraten von Opium und Heroin, wobei im Iran 5 und in Pakistan 6 % der Weltheroinproduktion konsumiert werden (UNODC 2010b, S. 111, Fig. 105). Insbesondere der Iran hat Hunderte von Millionen USD zur Grenz- und Grenzrückraumbefestigung ausgegeben, und Gefechte iranischer Sicherheitskräfte mit schwer bewaffneten afghanischen Drogenkonvois haben in der Vergangenheit mehr als 3500 iranische Grenzschützer das Leben gekostet (UNODC 2010a, S. 31).

Die größten Märkte für Heroin liegen in Westeuropa (mit einem Volumen von etwa 20 Mrd. USD jährlich) und in der Russischen Föderation (13 Mrd. USD). Etwas mehr als zwei Drittel der afghanischen Produktion an Opium und Heroin verlassen das Land über den Iran sowie Pakistan und nehmen ihren Weg über die sogenannte Balkanroute (via Türkei, Griechenland, Albanien, Bulgarien und die Länder Ex-Jugoslawiens); knapp ein Drittel verlässt Afghanistan auf der Nord-Route über Tadschikistan und Kirgisien oder über Usbekistan. Von den wichtigsten Anbauregionen im Süden zur Nordgrenze sind es 800 km auf einem dünnen Straßennetz; in die erwähnten nördlichen Nachbarländer gibt es neun Grenzübergänge (davon drei Flusshäfen), über die mutmaßlich auch das Gros der Drogentransporte läuft. Die afghanische Beschlagnahmungsrate liegt auch nach einem Jahrzehnt westlicher Sicherheitskooperation bei weniger als einem Prozent, Verurteilungen wegen Drogenhandels sind äußerst selten. Das UNODC schätzte das Volumen von Schmiergeld- und Bestechungszahlungen in Afghanistan im Jahr 2009 auf 2,5 Mrd. USD (UNODC 2010a, S. 30, 2010b, S. 110–112).

Ähnlich liegen die Dinge in **Myanmar,** das noch in den 1980er und 90er Jahren der weltweit wichtigste Rohstofflieferant für die Heroinproduktion war (UNODC 2012, S. 28, Tab. 10). Schwankungen sind hier mitunter sehr viel abrupter als bei Koka, da es sich beim Schlafmohn um eine einjährige Pflanze handelt. Nach Rückgängen ab Mitte der 1990er Jahre behielt Myanmar eine wichtige Bedeutung für die Versorgung der regionalen Opiummärkte. In den Jahren 2012 und 2013 ist erneut ein starkes Anwachsen der Produktion zu beobachten (UNODC 2013a, Annex ii, xi und UNODC Press Release 18.12.2013). Der Opiumanbau in Myanmar war weitestgehend auf den sogenannten Shan State konzentriert, die Region des Landes, die auch am meisten von Aufständischen kontrolliert wird. Der Niedergang der Opiumproduktion in Myanmar hatte direkt mit dem Sieg über die Mong Tai Army des Warlords Khun Sa im Jahr 1996 zu tun. Die Einigung mit verschiedenen ethnischen Gruppen, chinesischer diplomatischer Druck und erfolgreiche Projekte alternativer Entwicklung taten ein Übriges. Zwischen 1996 und 2006 fiel die Opium-Anbaufläche in Myanmar um 87 % von 163.000 auf 21.000 Hektar (UNODC 2010a, S. 40). Bewaffnete Gruppen, wie die United Wa State Army und die Shan State Army im südlichen und östlichen Shan State sollen zur Produktion von Metamphetaminen übergegangen sein, deren Absatzmärkte vor allem in Thailand und China liegen (UNODC 2010a, S. 40). Mit nur 1,3 % des BIP von Myanmar hat der Drogenhandel sehr viel weniger Gewicht als in Afghanistan, erlaubt aber gewissen Rebellengruppen, am Leben und operativ zu bleiben (UNODC 2010a, S. 42). Nach dem erwähnten Einbruch der Schlafmohnproduktion in der zweiten Hälfte des letzten Jahrzehnts hat sich dieser im zweitwichtigsten Anbauland in der ersten Hälfte dieses Jahrzehnts wieder nahezu verdoppelt (UNODC 2015, Annex I, S. V), bevor sie auch hier von 670 auf 647 Tonnen (2014 bzw. 2015) gesunken ist. Insgesamt wurden im Jahr 2015 schätzungsweise 4766 Tonnen Opium produziert – gegenüber 7723 Tonnen im Vorjahr (UNODC 2016, Annex ix–x).

Der **Balkan** spielt traditionell eine wichtige Rolle für den Handel zwischen Vorderasien und Mitteleuropa – auch für Drogen. Der größere Teil der Heroinlieferungen kommt über die **Balkanroute** (UNODC 2010a, S. 33–42) nach West- und Mitteleuropa. Das Transitvolumen soll hier bei jährlich etwa 80 Tonnen im Wert von 20 Mrd. USD liegen (UNODC 2010a, S. 34).[2] Neben dem Heroin sind auf dem Balkan Zigaretten- und Menschenschmuggel sowie Menschen- und vor allem Mädchenhandel von Bedeutung. Neuerdings gewinnt auch Kokain eine gewisse Rolle (s.unten). Mit der Auflösung Jugoslawiens nahm die Bedeutung der Balkanroute für den illegalen Handel zu und erreichte während der Balkankriege einen Höhepunkt. Illegale Aktivitäten auf der Balkanroute zeichnen sich nach Aussage der Vereinten Nationen („change brings violence") durch hohe Kontinuität der darin involvierten Eliten und relativ gewaltfreie Beziehungen sowie relativ geringe Beschlagnahmungen aus.

---

[2]An deren Beginn soll zumindest in der Vergangenheit auch die Kurdische Arbeiterpartei PKK über „Besteuerung" mitverdient haben. Ihr Jahreseinkommen daraus soll zwischen 50 und 100 Mio. USD betragen haben (UNODC 2010b, S. 123). Mit seinen Kontakten in die Anbauregion nach Afghanistan und seinem Rekrutierungsnetzwerk und „Heimkehrern" in Westeuropa erscheint es nicht gänzlich abwegig darüber zu spekulieren, dass sich auch der „Islamische Staat" aus dem Heroingeschäft finanzieren könnte. Doch liegen darüber bisher keine konkreten Informationen vor.

Der Kokain-Markt ist nach Einschätzung der Vereinten Nationen nicht nur deutlich größer (72 Mrd. USD gegenüber Heroin mit 33 Mrd. USD; UNODC 2010b, S. 275), sondern auch sehr viel besser organisiert als zum Beispiel jener für Heroin. So liegt die Größenordnung der durchschnittlichen Beschlagnahmungen im Kokainhandel 10–20 Mal höher als bei Heroin (UNODC 2010b, S. 82). Der Fahndungsdruck zwingt die illegalen Akteure zu großer Flexibilität. Zwischen 2004 und 2007 deuteten ein Reihe von großen Beschlagnahmungen und Funden sowie andere Indizien auf eine sprunghaft gewachsene Rolle **Westafrikas** im Kokainhandel nach Europa hin. Besonders prominent wurde die „Air Cocaine", das ausgebrannte Wrack einer Boeing 727, mit der Kokain geliefert worden war und das im Jahr 2009 in der malischen Wüste gefunden wurde (UNODC 2013b, S. 13).

Der Kokainhandel nach Europa wird überwiegend von kriminellen Gruppen aus Kolumbien organisiert. Kolumbianische Gruppen fungieren als Importeure und Großhändler; ihre Rolle im Einzelhandel ist auf Spanien begrenzt. Aber europäische Märkte sind komplexer und verschiedenartiger als die nordamerikanischen, und es sind viele unterschiedliche Gruppen involviert (vgl. UNODC 2010b, S. 98). Häufig haben sie landsmannschaftliche oder ethnische Gemeinsamkeiten. Fast ein Drittel der im Jahr 2011 in Deutschland, der Schweiz, Portugal und Italien verhafteten Kokaindealer stammten aus Westafrika (UNODC 2013b, S. 3).

Nach einer Verschärfung der Kontrollen an den wichtigsten Einfallstoren nach Europa, namentlich Spanien und Rotterdam, nutzten kolumbianische Gruppen die kürzeste Verbindung über den Atlantik von Venezuela nach Westafrika als Ausweichroute. Fahnder nannten sie in Anlehnung an den Breitengrad *highway number 10*. Die Vereinten Nationen gingen davon aus, dass etwa die Hälfte des Kokains mit Ziel Europa unter Kontrolle kolumbianischer Organisationen über Venezuela und Westafrika dorthin gelangte (UNODC 2010a, S. 16–18). Zumeist erfolgte der Transport über das Wasser, doch die „Air Cocaine" war nicht die einzige Lieferung dieser Art und Dimension (UNODC 2013b, S. 13). Damit waren einige der ärmsten Länder dieser Welt mit einem der lukrativsten illegalen Geschäfte konfrontiert, wie Guinea-Bissau, Guinea, Mali oder Niger. Das Polizei- und Militärbudget vieler westafrikanischer Staaten ist niedriger als der Großhandelspreis für eine Tonne Kokain in Europa (UNODC 2013b, S. 4). Ohne erkennbare Ursache in der legalen Wirtschaft sind die Devisenreserven von Guinea-Bissau von 33 Mio. USD (2003) auf 174 Mio. (2008) geklettert (UNODC 2016, S. 104).

Westafrika umfasst 16 Nationen, in denen 325 Mio. Menschen leben. Etwa ein Drittel davon erlebte im letzten Jahrzehnt in ihren Ländern einen Staatsstreich. Die Region leidet neben chronischer Instabilität und Armut traditionell unter anderen Feldern der organisierten Kriminalität, wie dem Diebstahl von Öl- und Ölprodukten (Nigeria, Golf von Benin), Medikamentenfälschung (mindestens zehn Prozent der in Westafrika zirkulierenden Medikamente sind nach Schätzung der Vereinten Nationen gefälscht) – und die Region ist mit Feuerwaffen übersättigt, darunter auch 10.000 bis 20.000, die nach dem Sturz von Muammar al-Gaddafi aus Libyen kamen und teilweise direkt von Söldnern mitgebracht wurden. Im Jahr 2011 wurden im Golf von Benin außerdem 22 Piratenattacken auf Schiffe registriert (UNODC 2013b, S. 4–5).

Das äußerst lukrative Kokaingeschäft brachte eine Ausweitung der endemischen Korruption zu neuen Dimensionen und Machtkämpfe um die Teilhabe daran mit sich, zum Teil bis in allerhöchste Kreise von Polizei, Militär und Politik. In Guinea-Bissau, dessen Bruttoinlandsprodukt niedriger ist als der Wert der westafrikanischen Kokainbeschlagnahmungen, scheint die Konkurrenz zwischen rivalisierenden Gruppen um die Kontrolle des Drogengeschäfts eine Rolle bei der Ermordung des Präsidenten Vieira (2009) gespielt zu haben. Auch in Guinea waren Mitglieder der Präsidentenfamilie ins Kokaingeschäft verwickelt. In Gambia wurde im Jahr 2010 eine Reihe höchstrangiger Sicherheitskräfte deswegen vom Präsidenten entlassen (UNODC 2013b, S. 9).

Während des Booms von 2005–2007 wurden die westafrikanischen Transitakteure oft mit Ware für ihre Dienste bezahlt, die sie dann mithilfe ihrer Diaspora selbst in Europa weiter vertrieben (UNODC 2013b, S. 14). Es gibt Anzeichen dafür, dass die Westafrikaner sich nicht mehr mit der Rolle von Spediteuren zufrieden geben wollten und, ihre Verbindungen auf wichtigen europäischen Absatzmärkten nutzend, versuchten, das Geschäft selbst in die Hand zu nehmen (UNODC 2013b, S. 4). Dabei scheinen heute Angehörige einer beträchtlichen nigerianischen Bevölkerungsgruppe in Sao Paulo eine Rolle bei der „Selbstversorgung" mit Kokain zu spielen. Nigerianer spielen eine Schlüsselrolle im westafrikanischen Drogengeschäft; zum Teil operieren sie von anderen westafrikanischen Ländern aus. Unlängst wurden in Nigeria auch Metamphetamin-Labors entdeckt, die für den asiatischen Markt produzierten (UNODC 2013b, S. 19).

Andererseits scheinen sich die Kolumbianer wegen der unsicheren Situation aus Westafrika zurückzuziehen.[3] Nach 2008 gingen die Beschlagnahmungen dort drastisch zurück. Das geschätzte Transfervolumen von Kokain ist von 47 Tonnen

---

[3]Die These vom „Weg der geringsten Staatlichkeit" stößt also an Grenzen bzw. bedarf der Präzisierung hinsichtlich des Charakters dieser Staatlichkeit.

im Jahr 2007 auf 17 Tonnen (2010) gesunken (UNODC 2013b, S. 4). Zu europäischen Großhandelspreisen (2010) dürfte es damit in der Größenordnung von 1,25 Mrd. USD liegen (UNODC 2013b, S. 17). Neuerdings gibt es allerdings Anzeichen für einen neuerlichen Anstieg des Kokainschmuggels von Brasilien aus über Westafrika nach Europa, wobei im letzten Abschnitt meist das Flugzeug benutzt wird (UNODC 2016, S. 39).

Das Wrack der „Air Cocaine", die im Jahr 2009 mit einer Lieferung aus Maracaibo nach Mali gekommen war, und weitere solcher Transporte weisen auf den Ausbau einer „Ostachse" über Mali, Niger und Mauretanien, über Land nach Nordafrika und weiter nach Europa hin, wobei auch die Balkanroute ins Gespräch kommt (UNODC 2013, S. 11–13). Daran sollen auch Aufständische und ehemalige Söldner aus Libyen beteiligt sein (UNODC 2010a, S. 18). Möglicherweise spielten Drogeneinnahmen eine Rolle bei der Finanzierung der Rebellion in Mali. Und nach Angaben der Vereinten Nationen soll auch die Organisation „Al Queda in the Islamic Maghreb" in den Drogenschmuggel mittels schwer bewaffneter Konvois durch die Sahara involviert sein (UNODC 2013b, S. 4). Die gleiche Route spielt übrigens auch beim Schmuggel von Migranten eine wichtige Rolle. Mehr noch als in anderen Regionen bleibt dabei vieles im Dunkeln und Gegenstand von Mutmaßungen. Oft fehlt den Behörden vor Ort die Möglichkeit zu bestimmen, was sie da eigentlich vor sich haben oder beschlagnahmen (UNODC 2013b, S. 21–22). Das wiederum haben sie mit europäischen Streifenpolizisten gemeinsam, die sich mit einer Welle neuer NPS-Substanzen aus dem Labor konfrontiert sehen.

Das illegale Drogengeschäft gilt als Rückgrat der internationalen organisierten Kriminalität. Die Grenzen zur Finanzierung bewaffneter Aufständischer und „neuer Kriege" sind dabei fließend. Es reagiert sehr flexibel auf Veränderungen der Rahmenbedingungen und fördert so Unsicherheit und Instabilität potenziell in allen Teilen der Welt.

Bereits seit den 1970er Jahren gab es vor allem in Westeuropa Ansätze verschiedener Natur, aus dem prohibitionistisch-punitiven Korsett der UN-Drogenkonventionen auszubrechen. Diese waren geleitet vom Bestreben,

- die Märkte für „harte" und „weiche" Drogen zu trennen (wie das Coffeeshop-Modell in den Niederlanden ab 1976),
- einer Schadensbegrenzung („harm-reduction") zunächst vor allem im Hinblick auf die Verbreitung von Infektionskrankheiten – insbesondere HIV/AIDS – durch Injektion von Drogen (Verteilung steriler Nadeln, „Drückräume", zum Beispiel in der Schweiz und in deutschen Großstädten wie Frankfurt, dort seit 1.2.1995) und
- strafrechtlichen Verhältnismäßigkeitserwägungen (Nichtverfolgung des Besitzes bis zur Obergrenze einer persönlichen Dosis, unter anderem in deutschen Bundesländern, Strafrechtsreform in Portugal)[1] zu erreichen.

---

[1] Als erster US-Bundesstaat entkriminalisierte Oregon im Jahr 1973 den Marihuana-Konsum.

© Springer Fachmedien Wiesbaden GmbH 2017   29
R. Lessmann, *Internationale Drogenpolitik,* essentials,
DOI 10.1007/978-3-658-15937-5_6

Neben diesen punktuellen Desertionen gab es eine Reihe von Ländern, in denen einzelne Bestimmungen der Konventionen, die im Widerspruch zu kulturellen Gepflogenheiten insbesondere ihrer indigenen Bevölkerung standen, stillschweigend überhaupt nie oder niemals vollständig umgesetzt wurden (wie für Koka in Bolivien und Peru), was durch die Wiener Konvention von 1988 dann in gewisser Weise legitimiert, trotzdem aber immer wieder durch das INCB gerügt wurde.[2]

Es war Lateinamerika, wo Ernüchterung und Frustration über die Resultate von einem Vierteljahrhundert Drogenkrieg in einen manifesten Reformimpuls mündeten. Im Jahr 2009 trat eine „Lateinamerikanische Drogenkommission" der Expräsidenten César Gaviria (Kolumbien), Ernesto Zedillo (Mexiko) und Fernando Enrique Cardoso (Brasilien) mit der Forderung nach drogenpolitischen Reformen hervor, die im Januar 2011 zu einer „Global Commission on Drug Policy" mutierte, die nun auch von internationalen Persönlichkeiten wie Kofi Annan, Jimmy Carter, Javier Solana sowie den amtierenden Präsidenten von Kolumbien und Guatemala, Juan Manuel Santos und Otto Pérez Molina unterstützt wurde (vgl. Lessmann 2012, S. 564–655). Sie kritisierte die notorische Erfolglosigkeit der aktuellen Politik und den hohen Blutzoll, den gerade lateinamerikanische Länder hatten entrichten müssen. „Korruption und Gewalt, die mit dem Drogenhandel verbunden sind, stellen eine ernste Gefahr für die Demokratie in unserer Region dar", schrieb der Vorsitzende der „Commission", der vormalige Dependenztheoretiker und frühere brasilianische Präsident (1995–2002) Fernando Enrique Cardoso in einem Zeitungsbeitrag von Anfang Januar 2011: „Doch der Schaden, durch Korruption und Gewalt, die durch die Prohibition hervorgerufen werden, übersteigt bei weitem jenen, der durch Drogen verursacht wird."

---

[2]Beispielsweise: „According to the provisions of the 1961 Convention, all coca bush cultivation is illicit unless it is destined for medical, scientific or specific industrial purposes. As that continues not to be the case in Bolivia, the Board urges the Government, when addressing the existing cultivation of coca bush in the country, to bear in mind the above and to do its utmost to comply with its obligations under the 1961 Convention" (INCB 2008, S. 76). Noch deutlich schärfer und ausführlicher war die Kritik im Bericht INCB 2007 ausgefallen (S. 37–38). Die erwähnte Bestimmung der Wiener Konvention (Art. 14/2) besagt: „Each Party shall take appropiate steps to prevent illicit cultivation of and to eradicate plants containing narcotic or psychotropic substances, such as opium poppy, coca bush and cannabis plants, cultivated illicitly in its territory. The measures adopted shall respect fundamental human rights and shall take due account of traditional licit uses, where there is historic evidence of such use, as well as the protection of the environment."

Reformvorschläge der „Global Commission on Drug Policy"

Im Juni 2011 legte die „Global Commission on Drug Policy" ihre lange erwarteten Reformvorschläge vor. Das zwanzigseitige Dokument verlangt unter anderem:

- Ein Ende der Kriminalisierung und Stigmatisierung von Drogennutzern.
- Regierungen sollen bestärkt werden, neue Wege zu gehen, um die Macht der organisierten Kriminalität zu untergraben sowie Gesundheit und Sicherheit der Bürger zu schützen.
- Stärkung der Gesundheits- und Behandlungsangebote.
- *Harm-reduction* (Schadensbegrenzung) – Orientierung auch gegenüber den bäuerlichen Produzenten auf der Angebotsseite.
- Investitionen in intelligente Präventionsprogramme.
- Repressive Aktionen sollen auf gewalttätige, kriminelle Organisationen fokussieren um ihre Macht zu untergraben, mit einer Priorität auf der Reduzierung von Gewalt[3].

Lateinamerikanische Reformforderungen führten auf dem VI. OAS-Gipfel vom April 2012 im kolumbianischen Cartagena beinahe zu einem Eklat und dazu, dass eine „Überprüfung" der herrschenden Drogenpolitik beschlossen wurde (vgl. Lessmann 2012, S. 564), die schließlich in Form von zwei Dokumenten (OAS, May 2013a bzw. b) vorgelegt wurde.

Während eine wachsende Zahl von Ländern (vor allem mit Entkriminalisierungsregelungen in Bezug auf Cannabis) Politik an den Rändern oder jenseits der Bestimmungen der UN-Drogenkonventionen macht (Spanien, Portugal, die Tschechische Republik, deutsche Bundesländer und mehr als die Hälfte der US-Bundesstaaten), waren es wiederum zwei lateinamerikanische Länder, die einen offenen Bruch riskierten. Bolivien hatte in Artikel 384 der neuen Verfassung vom Januar 2009 das Kokablatt zum „schützenswerten andinen Natur- und Kulturerbe" erklärt. Um einschlägige internationale Bestimmungen damit in Einklang zu bringen, beantragte die Regierung im März 2009 die Streichung zweier Unterparagrafen der Single Convention von 1961 (49/1c und 2e), was schließlich abgelehnt wurde. Daraufhin trat das Land in einem bisher einmaligen Präzedenzfall aus der UN-Konvention aus und mit Wirkung zum 1. Februar 2013 wieder bei:

---

[3]Vgl. www.globalcommissionondrugs.org; auch: www.globalcommissionondrugs.org/wp-content/uploads/2016/03/GCDP_2014_taking-control_DE.pdf.

Unter Vorbehalt gegenüber diesen beiden Unterparagrafen. Diese verlangen ein Verbot des Kokakauens (bzw. -anbaus) wie es in Bolivien eine jahrhundertealte Tradition hat und von der Hälfte der erwachsenen Bevölkerung regelmäßig praktiziert wird.

Im Dezember 2013 verabschiedete das Parlament in Montevideo ein Gesetz zur umfassenden Regulierung des Cannabis-Marktes, das im April 2014 in Kraft trat. Der Konsum von Cannabis war in Uruguay bereits seit 1974 straffrei gestellt. Während sich realpolitisch dadurch nicht viel ändert und die Regelungen denjenigen ähneln, die mit 1. Januar 2014 im US-Bundesstaat Colorado in Kraft traten, verstößt Uruguay nun als erstes Land im Rahmen einer nationalen Gesetzgebung (und nicht im Wege von Ausnahmeregelungen oder Bundesländergesetzen) offen gegen Bestimmungen der Konvention.

Die Implementierung verläuft langsam und unspektakulär: Bis Oktober 2015 wurden in Uruguay nur zwei Lizenzen für die Produktion von Cannabis vergeben, und eine erste Ernte ist nicht vor Mitte 2016 zu erwarten; dementsprechend gibt es bisher auch noch keinen Verkauf an registrierte Kunden über Apotheken. Bis Februar 2016 haben sich 4300 Heimanbauer registrieren lassen und 21 Cannabis-Klubs wurden zugelassen (UNODC 2016, S. 46).[4]

Auslöser für die Einberufung einer Sondergeneralversammlung der Vereinten Nationen (UNGASS 19.–21.4.2016) zum Thema Drogen war schließlich eine gemeinsame Erklärung Mexikos, Kolumbiens und Guatemalas vom Oktober 2012. Die drei Länder erklärten darin, dass eine „Überarbeitung des bisherigen Ansatzes der internationalen Gemeinschaft gegenüber Drogen nicht länger aufgeschoben" werden könne. Dabei müssten die Vereinten Nationen eine Führungsrolle übernehmen, um „alle Optionen zu analysieren, einschließlich regulierender – oder Marktmechanismen, um ein neues Paradigma zu etablieren, das den Ressourcenfluss zu Gruppen organisierter Kriminalität verhindert" (*Declaración Conjunta*, 1st October 2012). Generalsekretär Ban Ki-moon forderte die

---

[4]Nach entsprechenden Referenden in den US-Bundesstaaten Colorado und Washington State im November 2012 wurde dort ebenfalls kontrollierter Anbau und Verkauf von Cannabis-Produkten in Spezialgeschäften eingeführt. Bei ähnlich gelagerten Referenden in Alaska, Oregon und Washington D.C. im November 2014 wurden der persönliche Besitz und der Kleinanbau zu Hause legalisiert. In Colorado und Washington State steht ein leichter Anstieg des Konsums einer deutlichen Entlastung von Polizei und Justiz gegenüber. Sorge bereiten Sorten mit besonders hoher (THC-) Wirkstoffkonzentration sowie Konzentrate wie Cannabis-Wachs oder -Öl. (UNODC 2016, S.49) Wie in Uruguay ist es auch hier noch zu früh, um die Auswirkungen der Maßnahmen umfassend bewerten zu können.

Mitgliedstaaten dazu auf, im Rahmen von UNGASS 2016 eine „offene und weit reichende Debatte zu führen, die alle Optionen berücksichtigt".

Diskussionen zu UNGASS waren anfänglich insbesondere von Verfahrensfragen gekennzeichnet: Inwieweit die in Wien ansässige UN Commission on Narcotic Drugs (CND) den Vorbereitungsprozess leiten solle, beziehungsweise wie die richtige Balance zwischen den UNO-Standorten Wien, Genf und New York in diesem Prozess aussehen soll, wie man alle relevanten UN-Unterorganisationen, die Wissenschaft und die Zivilgesellschaft einbeziehen kann. Hier zeigte sich eine profunde Spaltung der Weltgemeinschaft. Die für Drogen zuständigen, in Wien ansässigen Organisationen, haben im Laufe der Jahre einen eher konservativen Ruf erworben – vor allem in den Augen lateinamerikanischer Reformbefürworter, die nicht glauben, dass unter deren Leitung eine wirklich offene und umfassende Debatte möglich sei. Darüber hinaus hat eine große Zahl kleinerer Mitgliedsländer keine permanente Vertretung in Wien, was ihre gleichberechtigte Mitwirkung einschränkt. Diese Verfahrensfragen reflektierten im Grunde unterschiedliche Ansichten über die Reichweite von UNGASS. Sollte die Konferenz eine Gelegenheit sein, die globale Strategie der Drogenkontrolle und möglicherweise auch ihr Fundament, die drei UNO-Drogenkonventionen infrage zu stellen? Oder sollte es nur darum gehen, das bestehende Instrumentarium konsequenter anzuwenden? Der viel beschworene „Wiener Konsens" zeigte sich jedenfalls geschwächt und die Positionen mancher Länder in wachsendem Maße unvereinbar. Eine zunehmende Zahl von Ländern glaubt, dass der hergebrachte repressive Ansatz nicht funktioniert und zu schwerwiegenden negativen Konsequenzen im Bereich der Menschenrechte, der öffentlichen Gesundheit, der Bürgersicherheit und der nachhaltigen Entwicklung führt.

Während in der Vorbereitung dieser Konferenz neben verschiedenen lateinamerikanischen Ländern gerade auch die EU für Reformen eintrat (letztere vor allem im Sinne eines strikten gesundheitspolitischen Primats in der Drogenpolitik und vehement gegen die Verhängung der Todesstrafe bei Drogendelikten), argumentierten Länder wie China, Pakistan oder Russland streng im Sinne des drogenpolitischen Status quo. Wie übrigens auch bei den vorangegangenen UNGASS-Konferenzen zum Thema Drogen (von 1990 und 1998) kam der Anstoß zu UNGASS 2016 aus Lateinamerika. Diesmal war Guatemala zu den Initiatoren Mexiko und Kolumbien gestoßen. Eine Gruppe ähnlich gesinnter Länder *(like-minded countries)* – vor allem Costa Rica, Ecuador und Uruguay – formierte sich um bestimmte Reformpositionen; Einzelaspekte wurden auch von Argentinien und Bolivien unterstützt. Von den Ländern der Karibik war Jamaika den Reformern zuzurechnen. So forderten die Regierungen Kolumbiens, Ecuadors, Jamaikas und Uruguays auf einer vorbereitenden Sitzung zur CND im

Dezember 2015 in Wien die Schaffung einer Konsultativ- oder Expertengruppe zur Ermittlung struktureller Defizite des internationalen Drogenkontrollsystems, der institutionellen Architektur und des juristischen Rahmens, einschließlich der Widersprüche mit anderen Konventionen, beispielsweise der UN-Menschenrechtskonvention. Insgesamt trat Lateinamerika aber keineswegs als einheitlicher Reformblock in Erscheinung. Nicht einmal die in Zusammenschlüssen wie der ALBA *(Alternativa Bolivariana para las Americas)* organisierten Länder vertraten eine gemeinsame Position. So hat Bolivien mit seinem zeitweiligen Austritt aus der Konvention in Sachen des Kokablattes zwar den kühnsten Schritt gesetzt, verfolgt und vertritt über dieses nationale Anliegen hinaus aber eine sehr orthodoxe Drogenpolitik.[5]

Europa trat im Rahmen der vorbereitenden Debatten ebenfalls für Reformen ein und mit einer einheitlichen Position auf, aber in einer unterschiedlichen Richtung. Hier stehen gesundheitspolitische Erwägungen, „harm-reduction" und der Schutz der Menschenrechte im Vordergrund. Wo gemeinsame Positionen gefunden werden, kann die EU durchaus eine Führungsrolle spielen. Das war bereits bei UNGASS 1998 so, als es um die Durchsetzung des Grundsatzes ging, dass für Subsistenzbauern zunächst Lebensalternativen gesichert sein müssen, bevor man sie dazu zwingt, den Anbau sogenannter Drogenpflanzen aufzugeben. Im Vorfeld der UNGASS 2016 haben sich die Länder der EU für eine Ablehnung der Todesstrafe bei gewaltfreien Drogendelikten engagiert. Von einem globalen Konsens ist man aber auch hier noch weit entfernt.[6] Die meisten EU-Länder haben in der Ver-

---

[5]Brasilien verfolgt mit dem Lei do Abate von 1998 – unterzeichnet erst 2004 – eine Politik, die im Extremfall auch den Abschuss verdächtiger Drogenflugzeuge erlaubt, wie sie auf dem Höhepunkt des „Drogenkriegs" ab 1995 auch in den Andenländern praktiziert wurde. „Operation Airbridge" hatte ihren Schwerpunkt in Perú und Kolumbien, wurde aber im Jahr 2001 ausgesetzt, nachdem ein Team aus US-amerikanischem Aufklärer und peruanischem Jäger versehentlich eine Cessna mit einer US-amerikanischen Missionarsfamilie abgeschossen hatte (vgl. zu Einzelheiten von „Operation Airbridge": Lessmann 2000, S. 347, 348). Im August 2003 gab Präsident Bush grünes Licht zur Wiederaufnahme der Militäroperation. Der neue argentinische Präsident Mauricio Macri hat kürzlich vergleichbare Maßnahmen dekretiert.

[6]Auf der 57. Commission on Narcotic Drugs im März 2014 war eine Reihe von Staaten – zunächst vor allem die Schweiz – in diesem Sinne aktiv geworden. Die Ablehnung der Todesstrafe bei Drogendelikten fand zuletzt doch keinen Eingang in das wie stets im Konsens verabschiedete Schlussdokument. Unter Führung der EU brachte eine Reihe von Ländern diese damals jedoch in einer Zusatzerklärung zum Ausdruck. Auf die gleiche Weise verteidigten verschiedene Länder die Todesstrafe als souveränes Recht, das außerhalb des Mandats der UN-Drogenkommission liege. Es waren dies der Iran als Sprecher, Syrien, Saudi Arabien, Jemen, Malaysia, Vietnam, Libyen, Ägypten, China, Qatar, die Vereinigten Arabischen Emirate, Kuwait, Bahrain, Oman, Sudan, Indonesien und Singapur.

gangenheit eine pragmatische Linie in der Drogenpolitik mit unterschiedlichen Ansätzen verfolgt. Weder von der Drogenproblematik selbst, noch von den Auswüchsen des „War on Drugs", war man so stark betroffen wie lateinamerikanische (oder asiatische) Länder, deren Reformpositionen im Sinne einer Priorität für die Bekämpfung drogenbezogener Gewalt, organisierter Kriminalität und Korruption man so auch nicht teilt oder unterstützt. Ungeachtet der Entwicklungen auf dem amerikanischen Doppelkontinent konnte man sich hinsichtlich der globalen Behandlung von Cannabis auch zu keiner gemeinsamen Position entschließen, was wiederum die Vielfalt unterschiedlicher Politiken in den einzelnen Ländern und sogar Bundesländern reflektiert.[7] Man betont die Notwendigkeit, eine „starke und unzweifelhafte Verpflichtung auf die UN-Konvention aufrecht zu erhalten" und unterstreicht, „dass es in deren Rahmen genügend Raum und Flexibilität gebe, um eine große Bandbreite unterschiedlicher Ansätze unterzubringen".

Das deckt sich mit der Position Washingtons, wo man auf jeden Fall den Rahmen der bisherigen Konventionen erhalten will, wohl auch aus Sorge, jemals wieder ein Dokument vergleichbarer Trag- und Reichweite verabschiedet zu bekommen. Während Washington – im Gegensatz zu vielen Experten – die Meinung vertritt, dass die Modelle der Cannabis-Legalisierung (etwa in Colorado und Washington State – weitere, z. B. in Kalifornien, dürften in Kürze folgen) keinen Verstoß gegen die UN-Konventionen darstellen, weil die Bundesgesetzgebung ihnen ja nach wie vor entspreche, ist man doch deutlich zurückhaltender geworden bei der Verurteilung anderer Staaten, die ihren drogenpolitischen Verpflichtungen nicht nachkommen. (Das ändert freilich nichts an der Sanktionspolitik gegenüber diesen Ländern im Rahmen der alljährlichen „certification"; vgl. dazu S. 7–8 in diesem Text sowie ausführlich Lessmann 2015, S. 54–56 sowie Lessmann 2010, S. 381.) Inwieweit dies dann vielleicht doch eine größere Akzeptanz gegenüber flexiblen Ansätzen in anderen Ländern (Entkriminalisierungen, Koka-Regulierung in Bolivien) herbeiführen kann, wird eine der spannenden Fragen nach UNGASS 2016 sein.

Wo es unter Präsident Obama eine klare Positionsänderung gegeben hat, ist bezüglich des Vertrauens in das Strafrecht zur Lösung drogenpolitischer Probleme. Hatte man in der Vergangenheit zu Hause und international auf eine

---

[7]Das Spektrum hinsichtlich des Besitzes von Cannabis für den persönlichen Konsum beziehungsweise diesen selbst reicht von einer De-jure-Entkriminalisierung in Portugal und der Tschechischen Republik über eine De-facto-Entkriminalisierung in den Niederlanden, Belgien, Luxemburg, (der Schweiz,) Deutschland und Spanien bis hin zum totalen Verbot in Schweden.

Politik der (oftmals drakonischen) obligatorischen Mindeststrafen gesetzt *(zero tolerance)*, so wurde in den USA eine diesbezügliche Strafrechtsreform angekündigt – und auch bereits eine (Teil-) Begnadigung ausgesprochen (FAZ, 8.10.2015).

Die bislang eher schwache Einbindung der Zivilgesellschaft in UNGASS-Vorbereitungen war mit der Einberufung einer „Civil Society Task Force" (CSTF) stark verbessert. Ihr gehörten neben Repräsentanten aus allen Weltregionen auch Vertreter von Drogenkonsumenten und bäuerlichen Organisationen an, die sogenannte Drogenpflanzen anbauen. Der Präsident der Generalversammlung hat zusammen mit der CSFT am 10. Februar 2016 in New York einen „Stakeholder Dialog" zur Unterstützung des UNGASS-Vorbereitungsprozesses abgehalten.

Bereits zur 57. UN Commission on Narcotic Drugs, die im März 2014 in Wien stattfand, meldeten sich Vertreter einer ganzen Reihe von UNO-Unterorganisationen, allen voran UNAIDS und der UNO-Menschenrechtsrat mit sehr kritischen Beiträgen zu Wort: Die Weigerung einiger Länder, von UNAIDS empfohlene „harm-reduction"-Maßnahmen für Drogenkonsumenten umzusetzen, konterkariere Erfolge gegen AIDS im Rest der Welt und könne für die Betroffenen letztlich ein Todesurteil darstellen. So schätzt UNAIDS die Zahl der jährlichen Neuinfektionen mit HIV durch unsterile Nadeln in Russland auf 50.000, während sie in westeuropäischen Ländern, wo sterile Spritzen für Drogenabhängige zur Verfügung gestellt werden, gegen Null gehen. Unter Menschenrechtsgesichtspunkten wurden Drogen-Internierungslager in Vietnam, Kambodscha und China angeprangert. Der UN Hochkommissar für Menschenrechte bezeichnete die Verhängung der Todesstrafe für Drogendelikte als Verstoß gegen die Menschenrechtskonvention und andere internationale Menschenrechtsabkommen.

Wie kaum ein anderes Feld war das der Drogenpolitik bis dato exklusiv den in Wien ansässigen Unterorganisationen (CND, INCB und UNODC) überlassen worden – mit Ausnahme der Weltgesundheitsorganisation (WHO), deren Gutachten obligatorisch sind für die Aufnahme oder Streichung eines Stoffes in die bzw. aus der Liste der kontrollierten Substanzen der UN-Konventionen. Das hat sich geändert. Im Vorfeld von UNGASS 2016 hat das Büro des Hohen Kommissars für Menschenrechte in Genf einen umfassenden Bericht über Menschenrechtsverletzungen im Zusammenhang mit Politiken der Drogenkontrolle vorgelegt. Im September 2015 hat der UNO-Menschenrechtsrat zudem eine Fachtagung zum Thema „Die Auswirkungen des Weltdrogenproblems auf die Menschenrechte" abgehalten.[8]

---

[8]Vgl. www.ohchr.org/EN/HRBodies/HCR/.../Documents/WorldDrugProblem.doc.

Auch die genannten Wiener Unterorganisationen der UN, deren Mitarbeiter sich eine teilweise jahrzehntelange Sachkompetenz erarbeitet haben, sind im Rahmen dieser Konjunktur offener und kritischer geworden. Ein gesundheitspolitischer Fokus hat gegenüber dem strafrechtlichen klar an Gewicht gewonnen. „Harm-reduction", ein Ausdruck der bis vor wenigen Jahren in keinem UN-Papier zu finden war, weil er stets mit einem Veto belegt wurde, ist heute anerkannt: So wirft der Weltdrogenbericht des UNODC von 2015 unter anderem einen kritischen Blick auf das Gefängniswesen, wo trotz Verboten und Kontrolle der Drogenkonsum besonders hoch ist und besonders gefährliche Formen (needle-sharing) annimmt (u. a. UNODC 2015, S. 76).[9] Die Bereitstellung des Opioid-Antagonisten Naloxon in Familien und Peergroups von Süchtigen wird ausdrücklich als wirksames Mittel zur Vermeidung der Konsequenzen von Heroin-Überdosierung angeführt (UNODC 2015, S. 13). Vor wenigen Jahren wäre dies noch als naive und gefährliche „maintenance" von Suchtverhalten abgelehnt worden.

Darüber hinaus hat sich das UNODC im Vorfeld von UNGASS für eine Kontextualisierung der Drogenkontrolle – namentlich von Projekten der alternativen Entwicklung – im Rahmen der Sustainable Development Goals stark gemacht. UNODC-Exekutivdirektor Juri Fedotov hat sich für eine stärkere Fokussierung des Gesetzesvollzugs auf die Verfolgung und Zerschlagung krimineller Organisationen ausgesprochen. Schließlich solle der Zugang zu Medikamenten verbessert werden, die kontrollierte Substanzen enthalten. Dabei geht es insbesondere

---

[9]Besonders Aufsehen erregte ein internes Papier des UNODC vom Herbst 2015: „The briefing paper on decriminalisation mentioned in many of today's media reports, and intended for dissemination and discussion at a conference in Kuala Lumpur, is neither a final nor formal document from the UN Office on Drugs and Crime, and cannot be read as a statement of UNODC policy.", erklärte der Sprecher des UNODC, David Dadge, in einer Presseerklärung vom 19.10.2015 (ausgesendet über unis@unvienna.org) Man bedauere, dass es zu Missverständnissen über die Natur dieses Papiers gekommen sei und dementiere „energisch", dass es Druck auf das UNODC gegeben habe, das Papier zurückzuziehen. The briefing paper „...explains that decriminalising drug use and possession for personal consumption is consistent with international drug control conventions and may be required to meet obligations under international human rights law." Die Kriminalisierung des persönlichen Konsums habe in der Vergangenheit negative Konsequenzen gehabt, wie, gesundheitliche Konsequenzen und drogenbezogene Todesfälle, Diskriminierung, soziale Exklusion und Gewalt, Zwangslager und Inhaftierung. „Overall, UNOCD remains committed to the balanced approach that, in particular, promotes alternatives to incarceration in line with international human rights standards", heißt es abschließend.

um Schmerzmittel. Drei Viertel der Weltbevölkerung hat kaum oder gar keinen Zugang zu adäquater Schmerztherapie – auch nicht bei akuten Katastrophen (UNODC 2016, S. 75).

Das Thema Drogen wird in den Regierungen der einzelnen Mitgliedsländer kaum als Karrieresprungbrett angesehen und ist zudem unterschiedlichen Ministerien zugeordnet: Mal Justiz, mal Inneres, mal Gesundheit. Nicht immer denken die Delegierten in ähnlichen Kategorien. Und selten genießt das Thema wirklich hohe Priorität. Die Personalfluktuation ist groß, „alte Hasen" in den Delegationen selten. Daraus folgt ein mitunter krasser Kompetenzvorsprung der UNO-Bürokratien gegenüber den Delegierten und Entscheidungsträgern. Nachdem Erstere sich unter dem Reformdruck nun geöffnet haben, stehen die Chancen nicht schlecht, dass der Funke auf Letztere überspringt.

Mehr als deutlich und überaus bemerkenswert ist das Bestreben der einschlägigen UN-Organisationen, sich insbesondere vom „War on Drugs" zu distanzieren. So ist die Presseerklärung des INCB zum Erscheinen des Jahresberichts 2015 am 2. März 2016 mit der Kernaussage überschrieben: „The international drug control treaties do not mandate a „war on drugs", says INCB Report". Und im Bericht selbst heißt es unter anderem: „Some of the existing policies in some countries, such as militarized law enforcement, policies that disregard human rights, overincarceration, the denial of medically appropriate approaches, are not in accordance with the principles of the conventions" (INCB 2015, S. 6).[10]

Insgesamt war man in Wien aber schon im Vorfeld geneigt, die Erwartungen zu dämpfen. Es gehe bei UNGASS darum, „die Temperatur zu messen", wie mir ein hoher Funktionär aus der Politikabteilung des UNODC erklärte – und man verwies bereits auf die turnusmäßige „Political Declaration", mit der im Jahr 2019 die Ziele für das folgende Jahrzehnt abgesteckt werden sollen.

Das bereits seit September 2015 monatelang vorbereitete UNGASS-Schlussdokument wurde schon am ersten Tag der UNGASS-Konferenz (19.–21.4.2016) in New York von den Delegierten angenommen. Den letzten „Schliff" hatte es

---

[10]Der deutsche Jurist und Gesundheitspolitiker Werner Sipp, seit 2015 Präsident des INCB, hatte sich in einer Skype-Konferenz (29.2.2016) mit dem Autor ebenfalls von militarisierten Ansätzen distanziert. Das wäre ihm noch vor wenigen Jahren sicher schwerer gefallen, als Ambassador Melvyn Lewitsky von 2003–2012 Langzeitmitglied des INCB war. Lewitsky war bis 1994 Assistant Secretary of State for International Narcotics Matters und als solcher mit der Umsetzung des „war on drugs" und insbesondere George Bush (sen.) Andenstrategie (vgl. S. 8–9 in diesem Text) betraut. Während also diese sprachliche Abkehr vom „war on drugs" mit dem Sprachgebrauch der Regierung Obama übereinstimmt – auch sie spricht nicht mehr vom Drogenkrieg – muss gefragt werden, inwieweit sie auch bei einem abermaligen Kurswechsel im Weißen Haus bestand haben würde.

während der 59. UN Commission on Narcotic Drugs (vom 14.–22.3.2016) in Wien bekommen, wobei am letzten Sitzungstag noch bis weit nach Mitternacht verhandelt wurde. NGO-Vertreter beklagten völlig intransparente Verhandlungen hinter verschlossenen Türen unter Federführung des UNGASS-Sekretariats und einiger weniger Nationen. Als großer „Bremser" sei insbesondere Moskau in Erscheinung getreten. Sie bezeichnen UNGASS 2016 als Enttäuschung.

Auf der Positivseite ist vor allem die Erleichterung des Zugangs zu „kontrollierten" Schmerzmitteln zu verbuchen, ein seit vielen Jahren diskutiertes Problem, besonders in ärmeren Ländern und besonders auch im Fall von Naturkatastrophen, wie beispielsweise nach Erdbeben. Die Gruppe von Suchtkranken, „hardcore"-Konsumenten und PWID (Drogeninjektion) stellt den neuralgischen Punkt der Drogenproblematik in gesundheitspolitischer Hinsicht dar. Insofern ist das nunmehrige Bekenntnis zu „harm-reduction"-Maßnahmen ein wichtiges Signal. Ansonsten wird vielfach ein Mangel an Fortschritten und Transparenz beklagt. Der mexikanische Präsident Peña Nieto, einer der Initiatoren von UNGASS, wollte erst gar nicht nach New York anreisen, tat es dann doch und übte – wie auch der bolivianische Präsident Evo Morales – harsche Kritik am Status quo und am Schlussdokument. Nieto kündigte dort für Mexiko ein Programm zur Freigabe von Marihuana für medizinische Zwecke an. Über die Korruption von Polizei und Justiz sowie über die Verflechtung von Teilen der politischen Klasse seines Landes mit dem illegalen Geschäft sprach er nicht.

Entgegen der Erwartungen der Reformer bestätigt das UNGASS-Dokument vollinhaltlich die drei UN-Drogenkonventionen als Grundlage der internationalen Drogenkontrolle. Reformperspektiven werden nicht eröffnet. Das Bestreben der UNGASS-Initiatoren, einen besonderen Schwerpunkt auf die Unterbindung des Ressourcenflusses zu Gruppen der organisierten Kriminalität zu legen, wurde nicht explizit berücksichtigt. Ein Ruf nach harten Maßnahmen gegen Geldwäsche blieb aus. Der Kampf gegen illegale Drogenmärkte und organisierte Kriminalität soll demnach weiterhin vor allem dort geführt werden, wo man sie am wenigsten treffen kann: An den dispers organisierten Enden der Produktions- und Vermarktungsketten, oder am oberen und unteren Ende unseres „Sanduhr-Modells". Wer sich grünes Licht für eine Entkriminalisierung des Drogenkonsums oder mehr Respekt für die Nutzung psychoaktiver Pflanzen in der Kultur indigener Völker (wie Coca, Marihuana oder Peyote) erhofft hatte, wurde enttäuscht. Und obwohl sprachlich ein deutlich stärkerer Akzent auf die Menschenrechte, Genderfragen und den Schutz der öffentlichen Gesundheit gelegt wurde, fehlt im Dokument jeder Hinweis auf Misserfolge oder Mängel im System sowie auf die Tatsache, dass sich die Drogenpolitik in vielen Ländern der Erde in schnellem Wandel befindet. Aus europäischer Perspektive ist festzustellen, dass auch eine

Ablehnung der Todesstrafe für Drogendelikte keinen Eingang in das UNGASS-Schlussdokument finden konnte.

Es gibt nicht **das** Drogenproblem, sondern eine Vielzahl unterschiedlicher Problemlagen in verschiedenen Regionen und Ländern, sowie unterschiedliche Voraussetzungen, um diese anzugehen. Insofern ist die Abkehr von einem „One-size-fits-all"-Ansatz sinnvoll: Im Rahmen der bestehenden UN-Konventionen bestehe ausreichend Flexibilität für verschiedene nationale Drogenpolitiken.[11] Damit räumt die Abschlusserklärung erweiterte Interpretationsspielräume implizit auch für Politikansätze ein, wie sie zum Teil noch vor kurzer Zeit als Verstoß gegen die Konventionen kritisiert oder geächtet wurden. Wie groß diese Auslegungsspielräume sein werden, muss die Zukunft zeigen und ist abhängig von politischen Konjunkturen. Dieses Verfahren bedeutet für den Augenblick eine nachträgliche Anerkennung der stillschweigenden oder offenen Desertionen der Vergangenheit und gewissermaßen eine Einladung zu zukünftigen. Es beinhaltet die Gefahr, dass die Konventionen, die in ihrer Integrität bestätigt werden sollten und wurden, in ihrer Bedeutung gerade dadurch weiter erodieren.

Nie zuvor hat es einen derart breiten Diskussionsprozess um die internationale Drogenpolitik gegeben und nie zuvor waren neben den Repräsentanten der UNO-Mitgliedstaaten auch Vertreter der Zivilgesellschaft und anderer UNO-Unterorganisationen in diesem Maße an der Debatte beteiligt. Darin dürfte der eigentliche Kern der Aussage von UNODC-Exekutivdirektor Yuri Fedotov liegen: „UNGASS momentum can drive progress in addressing world drug problem" (UNODC Chief, Press Declaration 21.4.2016).

In einer Reihe von Ländern oder (US)-Bundesstaaten sind Reformen im Sinne der oben erwähnten „erweiterten Interpretationsspielräume" zu erwarten. Mit dem kanadischen Ministerpräsidenten Justin Trudeau hat nun erstmals der Regierungschef eines G-7-Landes für das Jahr 2017 eine Cannabis Legalisierung angekündigt. In mehreren US-Bundesstaaten stehen diesbezügliche Referenden vor

---

[11]Eine Presseerklärung des UNODC zum Abschluss der UNGASS-Konferenz hebt dazu ausdrücklich hervor: „At the opening of the plenary, Member States adopted the outcome document of the session, which reaffirms their commitment to undertake innovative approaches to drug control within the framework of the three international drug control conventions. It also recognizes that the conventions allow for sufficient flexibility for States parties to design effective national drug policies" (UNODC Chief: UNGASS momentum can drive progress in addressing world drug problem, UNIS/NAR/1275, 21 April 2016 auch: www.unis.unvienna.org/unis/en/pressrels/2016/unisnar1275.html).

der Tür. Dabei geht es praktisch ausschließlich um Cannabis. Um die sogenannten „harten Drogen" macht die Legalisierungs- und Regulierungsdebatte bis auf
ganz wenige Ausnahmen einen großen Bogen.[12] Hier sind vermehrt „harm
reduction"-Politiken zu erwarten.

[12]Dazu gehören u. a.: José Carlos Campero/ Ricardo Vargas/ Eduardo Vergara: „Von
Repression zu Regulierung – Ein lateinamerikanischer Vorschlag zur Reform der Dro-
genpolitik", Friedrich Ebert Stiftung, Berlin, Mai 2013; Gracia Zuffa: „Cocaina: hacia un
modelo basado en la autoregulación", Transnational Institute, Amsterdam, Febrero 2014;
Amanda Feilding (coord.): „Roadmap to Regulation: Coca, Cocaine, and Derivatives",
Beckley Foundation, Oxford, 2016. Dabei handelt es sich meist um Arbeitspapiere und
Vorstudien. Die Herausgeberin und Direktorin der Beckley Foundation, Amanda Feilding,
berichtete dem Autor anlässlich der Präsentation ihrer Vorstudie bei der 59. UN Commission on Narcotic Drugs im März 2016 in der Wiener UNO-City von den großen Schwierig-
keiten, überhaupt Autoren und Mitarbeiter für ein solches Projekt zu gewinnen.

Ausblick 7

Das vor einem halben Jahrhundert geschaffene Kontrollsystem hat sich im Sinne der klassischen Herausforderungen allenfalls als begrenzt erfolgreich erwiesen. Der Drogenkonsum steigt, die Produktion ist ungebrochen und vielfältiger. Angesichts der neuen Herausforderungen durch NPS stößt es mit seinen Listen kontrollierter Substanzen an klare Grenzen. Prävention und Therapie scheinen in dieser Situation zunehmend erfolgversprechender als Verbot und Kontrolle.

Die mit dem Primat auf polizeilich-juristischen Maßnahmen oder gar der Militarisierung der Drogenbekämpfung verbundenen „Nebenkosten" ökonomischer, ökologischer und gesellschaftlicher Art (Menschenrechtsverletzungen, Gewalt, Korruption) werden immer häufiger als Belastung empfunden und sind in die Kritik geraten: Diese „Kur" sei oft schlimmer als die „Krankheit". Probleme haben sich nicht nur regional verlagert ohne sich zu verringern, sie haben sich vielfach ausgebreitet, besonders in Lateinamerika. Niemand will heute mehr vom „Drogenkrieg" sprechen – oder gar je einen solchen geführt haben. Doch veränderte diplomatisch-politische Sprachregelungen sind eine Sache – konkrete Programme und Maßnahmen vor Ort häufig eine andere.[1] Sollte es tatsächlich gelingen, die desaströsen Praktiken des „war on drugs" hinter sich zu lassen, wäre viel gewonnen – noch nicht im Sinne einer Lösung der Probleme, sondern eines Stopps der Kollateralschäden.

Das Phänomen der organisierten Kriminalität ist komplexer geworden und stellt jenseits dieser oder jener Substanz, dieser oder jener Person oder Personengruppe,

---

[1] Vgl. dazu beispielsweise meine Reportage: „Ende des Drogenkriegs" über eine Anti-Drogen-Operation im bolivianischen Chapare in „Lateinamerika Anders", 1/2016; auch: www.lateinamerika-anders.org > Archiv.

© Springer Fachmedien Wiesbaden GmbH 2017
R. Lessmann, *Internationale Drogenpolitik*, essentials,
DOI 10.1007/978-3-658-15937-5_7

die eigentliche Herausforderung für Rechtsstaatlichkeit und Demokratie dar. Die internationale Drogenkontrolle hat das erkannt, darauf bisher aber keine überzeugenden Antworten gefunden. Der illegale Drogenhandel gilt den Vereinten Nationen nicht nur als das „Rückgrat des transnationalen organisierten Verbrechens", er treibt auch dessen Globalisierung an und alimentiert illegale bewaffnete Aufständische, „neue Kriege", und Terrorgruppen. Die Grenzen zwischen den letztgenannten sind fließend, ihre Geschäftstätigkeiten zunehmend nicht nur international, sondern auch multidivisional und umfassen auch andere kriminelle Geschäfte. Auch die Routen, die illegale Drogen nehmen, decken sich mit denen anderer illegaler Aktivitäten (Balkan, Sahara, US-Südgrenze), wie beispielsweise dem Menschenschmuggel und -handel. Angesichts dieser Entwicklungen wird auch eine mitteleuropäische Badewannenperspektive („Wir sind hier doch eigentlich ganz gut gefahren") zunehmend fragwürdig. Es wächst die Einsicht, dass man weniger Substanzen bekämpfen muss, sondern illegale Märkte, weniger Personen, sondern Strukturen. Die Umsetzung dieser Einsicht in praktische Politik steht noch aus.

Das reflektiert sich zum Teil in der Debatte. Der Machbarkeitsoptimismus der letzten UNGASS-Konferenz von 1998 (‚A drug-free world, we can do it') ist verflogen, und mit ihm der prohibitionistische Konsens, ja der „Wiener Konsens" überhaupt. Im Vordergrund steht die Verteidigung der UN-Konventionen angesichts zunehmender Kritik. Menschenrechtserwägungen haben an Gewicht gewonnen und ein gesundheitspolitischer Diskurs. Das ist unter dem Strich eine bemerkenswerte – ja radikale – Veränderung der Tonlage, verglichen mit einem Vierteljahrhundert vorher – oder noch vor zehn Jahren. Doch auch darüber gibt es (noch) keinen Konsens. Eine zunehmende Zahl von Ländern gestaltet ihre Drogenpolitik weiterhin punktuell an den äußersten Rändern oder jenseits der Bestimmungen der UN-Konventionen. Die Reformresistenz des internationalen Kontrollregimes hat dazu geführt, dass der Kontrollrahmen der einschlägigen UN-Konventionen ausfranst. Das dürfte auch so bleiben oder sich sogar beschleunigen, mit der Gefahr, dass er zunehmend obsolet wird. Insofern dürfte UNGASS 2016 als verpasste Gelegenheit in die Historie eingehen. Man darf sich allenfalls mehr Toleranz, wachsende Interpretationsspielräume der Konventionen, also mehr Freiräume für nationale Politiken und Politikexperimente erwarten.

Der Ansatz werde „more balanced" – als ob nicht jeder „approach" in den letzten 30 Jahren von seinen Autoren mit dem Prädikat „ausgewogen" beworben worden wäre. Immerhin: Gesundheit, Prävention, Therapie und Menschenrechte füllen diese Leerformel nun stärker als früher. Damit rückt das Oberziel der Konvention von 1961, der Schutz der Gesundheit, wieder stärker in den Fokus. Insofern ist das „Glas halbvoll". Wie gesagt: Nicht auf Sprachregelungen kommt es an, sondern auf die konkrete Politik „on the ground". So oder so: Das Thema wird aktuell bleiben und die Debatte um adäquatere Lösungen für zunehmend komplexe Probleme wird weiter gehen. Insofern markiert UNGASS 2016 eine Etappe. Nicht mehr, aber auch nicht weniger.

Was Sie aus diesem *Essential* mitnehmen können

- Das System der internationalen Drogenkontrolle stößt zunehmend an Grenzen.
- Die internationale Drogenproblematik wird immer vielschichtiger und komplexer, sowohl in gesundheitspolitischer Hinsicht, als auch im Hinblick auf die Sicherheitsproblematik: Internationale Organisierte Kriminalität als Global Player, Finanzierung von bewaffneten Aufständischen, Terrorismus und neuen Kriegen.
- Die (lateinamerikanische) Reformdebatte: Korrekte Analysen, geringe Konsensfähigkeit.
- Drogenpolitische Alleingänge an den äußersten Rändern oder jenseits der Bestimmungen der UN-Konventionen nehmen zu: Gefahr eines schleichenden Eintritts des internationalen Drogenkontrollregimes in die Obsoleszenz.
- UN Sondergeneralversammlung Drogen (UNGASS 2016) und die Reformdebatte: Neue Offenheit, neue Sprache, neue Interpretationsspielräume für die Konventionen, aber kein drogenpolitischer Neuanfang.

© Springer Fachmedien Wiesbaden GmbH 2017

R. Lessmann, *Internationale Drogenpolitik,* essentials,

DOI 10.1007/978-3-658-15937-5

Literatur

Arlacchi, Pino: „Mafiose Ethik und der Geist des Kapitalismus – Die unternehmerische Mafia", dt.: Cooperative-Verlag, Ffm., 1989.

Bild der Wissenschaft: http://www.wissenschaft.de/kultur-gesellschaft/archaeologie/-/journal_content/56/12054/1111557/In-China-war's-schon-vor-9000-Jahren-feucht-fr%C3%B6hlich/, Aufruf 18.8.2015).

Brombacher, Daniel/Maihold, Günther (Hrsg.): „Gewalt, Organisierte Kriminalität und Staat in Lateinamerika", Verlag Barbara Budrich, Opladen, 2013.

Buscaglia, Edgardo: „Das Paradox der Repression" in: Huffschmid/ Vogel/ Heidhues/ Krämer/ Schulte (Hg.): „NarcoZones – Entgrenzte Märkte und Gewalt in Lateinamerika", Assoziation A, Berlin, 2012.

Campero, José Carlos/ Vargas, Ricardo/ Vergara, Eduardo: "Von Repression zu Regulierung – Ein lateinamerikanischer Vorschlag zur Reform der Drogenpolitik", Friedrich – Ebert – Stiftung, Berlin, Mai 2013.

Declaración Conjunta, New York, 1 October 2012. http://mision.sre.gob.mx/onu/images/dec_con_drogas_esp.pdf.

FAZ, 8.10.2015: „6.000 Häftlinge vorzeitig frei – Washington ändert sein Vorgehen bei Drogendelikten".

Fielding, Amanda (coord.): „Roadmaps to Regulation: Coca, Cocaine, and Derivatives", Beckley Foundation, Oxford, 2016.

Global Commission on Drug Policy: www.globalcommissionondrugs.org Sowie www.globalcommissionondrugs.org/wp-content/uploads/2016/03/GCDP_2014_taking-control_DE.pdf.

GTZ – Berg/ Dietz/ Lessmann/ Kotowski-Ziss: „Drogen und Entwicklung in Lateinamerika", Eschborn, 2001.

INCB – International Narcotics Control Board 2008, Report, New York, 2009.

INCB – International Narcotics Control Board 2011, Report, New York, 2012.

INCB – International Narcotics Control Board 2015, Report, New York, 2016.

Krauthausen, Ciro/ Sarmiento, Luis Fernando: „Cocaína&Co – Un mercado ilegal por dentro", Bogotá, 1991.

Lessmann, Robert: „Drogenökonomie und internationale Politik", Vervuert-Verlag, Ffm. 1996.

© Springer Fachmedien Wiesbaden GmbH 2017

R. Lessmann, *Internationale Drogenpolitik*, essentials,

DOI 10.1007/978-3-658-15937-5

Lessmann, Robert: „Der Mythos vom Heiligen Blatt", In: GEO-Special: „Anden und die Welt der Inka", Hamburg, Oktober 1997.

Lessmann, Robert: „Amerikanisierung und Militarisierung: Die Auswärtige Drogenpolitik der USA", In: Rudolph, P./ Wilzewski, J. (Hg.): „Weltmacht ohne Gegner. Amerikanische Außenpolitik zu Beginn des 21. Jahrhunderts", Stiftung Wissenschaft und Politik/ Nomos-Verlag, Baden-Baden, 2000.

Lessmann, Robert: „Flying Dutchman. Die internationale Drogenpolitik der Obama-Administration", In: Zeitschrift für Außen- und Sicherheitspolitik –ZFAS, Heft 3, Jg.3, Springer VS-Verlag, Wiesbaden, 2010.

Lessmann, Robert: „Drogenpolitik am Scheideweg – Zwischen Legalisierung und Drogenkrieg", In: Zeitschrift für Außen- und Sicherheitspolitik –ZFAS, Heft 4, Jg.5, Springer VS-Verlag, Wiesbaden, 2012.

Lessmann, Robert: „Der Drogenkrieg in den Anden", Springer-Verlag, Wiesbaden, 2015.

Lessmann, Robert: „Ende des Drogenkriegs?" in: „Lateinamerika Anders – Österreichs Zeitschrift für Lateinamerika und die Karibik", Jgg. 41, 1/2016, Wien, Februar 2016. Auch: www.lateinamerika-anders.org > Archiv.

Musto, David F.: „The American Disease – Origins of Narcotics Control", Oxford University Press, New York, 1987.

OHCHR – Office of the UN High Commissioner on Human Rights: www.ohchr.org/EN/ HRBodies/HCR/.../Documents/WorldDrugProblem.doc.

OAS – Organization of American States: "The Drug problem in the Americas", Washington D.C., May 2013 (a) www.druglawreform.info/images/stories/documents/OAS-Analytical%20Report_The-drug-problem-in-the-Americas.pdf.

OAS – Organization of American States "Scenarios for the Drug Problem in the Americas 2013–2025", Washington D.C., May 2013 (b) www.druglawreform.info/images/stories/ documents/OAS-Report_Scenarios-for-the-drug-problem-in-the-Americas.pdf.

Schmidbauer, Wolfgang/ vom Scheidt, Jürgen: „Handbuch der Rauschdrogen", Ffm., 1976.

Siegel, Ronald K.: „Halluzinationen – Expeditionen in eine andere Wirklichkeit", dt.: Eichborn-Verlag, Frankfurt/M., 1995.

Siegel, Ronald K.: „Rauschdrogen – Sehnsucht nach dem künstlichen Paradies", Hamburg, 2000.

ONDCP – The White House. Office for National Drug Control Policy (ONDCP): „National Drug Control Strategy FY 2011, Budget Summary; https://www.whitehouse.gov/sites/ default/files/ondcp/policy-and-research/fy11budget.pdf; Aufruf: 27.8.2015.

TNI – Transnational Institute by Martin Jelsma: „The Development of International Drug Control", Series on Legislative Reform of Drug Policies Nr. 10, Amsterdam, February 2010.

TNI – Transnational Institute by David Beweley-Taylor/ Martin Jelsma: "Fifty Years of the 1961 Single Convention on Narcotic Drugs: A Reinterpretation", Series on Legislative Reform of Drug Policies Nr. 12, Amsterdam, March 2011.

TNI – Transnational Institute by Dave Bewley-Taylor/ Martin Jelsma: "The Limits of Latitude", Series on Legislative Reform of Drug Policies Nr. 18, Amsterdam, March 2012.

TNI – Transnational Institute by Dave Beweley-Taylor: "Towards revision of the UN drug control conventions", Series on Legislative Reform of Drug Policies Nr. 19, Amsterdam, March 2012.

UNGASS-Abschlussdokument: u. a. www.drogenbeauftragte.de/fileadmin/dateien-dba/ DrogenundSucht/Illegale_Drogen/UNGASS/Ungass-N1610572.pdf.

UNHCR – United Nations High Commissioner for Refugees: „Global Trends Forced Displacement in 2015", Geneva, 2016.

United Nations – Junta Internacional de Estupefacientes: "Informe 2012", Nueva York, 2013.

United Nations: "Single Convention on Narcotic Drugs, 1961 (as amended by the 1972 Protocol Amending the Single Convention on Narcotic Drugs, 1961)", New York, 1977.

United Nations: "Convention on Psychotropic Substances, 1971", Vienna, 2000.

United Nations: "Convention against Illicit Traffic in Narcotic Drugs and Psychotropic Substances, 1988", Vienna, 2000.

UNODC – United Nations Office on Drugs and Crime: „Crime and instability – Case studies of transnational threats", Vienna, February 2010a.

UNODC – United Nations Office on Drugs and Crime: "The Globalization of Crime – A Transnational Organized Crime Assessment", Vienna 2010b.

UNODC – United Nations Office on Drugs and Crime: "Estimating illicit financial flows from drug trafficking and other transnational organized crimes", Vienna, 2011.

UNODC – United Nations Office on Drugs and Crime: "World Drug Report 2012", New York, 2012.

UNODC – United Nations Office on Drugs and Crime: "World Drug Report 2013" New York, 2013a.

UNODC – United Nations Office on Drugs and Crime: "Transnational Organized Crime in West Africa – A Threat Assessment", Vienna, February 2013b.

UNODC – United Nations Office on Drugs and Crime, Press Release, 13.11.2013.

UNODC – United Nations Office on Drugs and Crime, Press Release, 18.12.2013.

UNODC: „Global Study on Homicide 2013", Wien, 2014 (mit Zahlen für 2012 oder letztes Berichtsjahr).

UNODC – Budget 2014-15 – United Nations Office on Drugs and Crime (UNODC): UNODC-Budget; www.unodc.org/unodc/en/donors/index/html?ref=menuside; Aufruf: 28.8.2015.

UNODC: World Drug Report 2015, Vienna, 2015.

UNODC: World Drug Report 2016, Vienna, 2016.

UNODC Chief: UNGASS momentum can drive progress in addressing world drug problem, UNIS/NAR/1275, 21 April 2016 auch: www.unis.unvienna.org/unis/en/pressrels/2016/unisnar1275.html.

Völger G. (Hg.): "Rausch und Realität – Drogen im Kulturvergleich", Köln, 1981.

Zuffa, Gracia: „Cocaina: hacia un modelo basada en la autorregulación", Transnational Institute, Amsterdam, Febrero 2014.